Ein Denkmal für die Indianer
Edward Sheriff Curtis

Ein Denkmal

Edward Sheriff Curtis
und sein photographisches Werk
über die Indianer Nordamerikas
1907–1930

Text von Florence Curtis Graybill
und Victor Boesen

Verlag C. H. Beck

für die Indianer

Aus dem Amerikanischen übertragen von Herbert Thiele-Fredersdorf
Titel der Originalausgabe: Edward Sheriff Curtis: Visions of a Vanishing Race.
Thomas Y. Crowell Company, New York 1976

CIP-Kurztitelaufnahme der Deutschen Bibliothek

Graybill, Florence Curtis:
Ein Denkmal für die Indianer : Edward Sheriff Curtis u. sein photograph. Werk über d. Indianer Nordamerikas 1907–1930 / Text von Florence Curtis Graybill u. Victor Boesen. – München : Beck 1979.
ISBN 3 406 04123 X

NE: Boesen, Victor; Curtis Edward Sheriff

ISBN 3 406 04123 X

9.–15. Tausend 1979

Gesamtherstellung Passavia Passau
Printed in Germany

«Das Leben der Indianer ist, besonders in den letzten Jahren, in fast all seinen Bereichen von Veränderungen ergriffen worden, die dermaßen einschneidend waren, daß das in diesem Buch gesammelte Text- und Bildmaterial nie hätte zusammengetragen werden können, wenn diese Arbeit auch nur noch kurze Zeit aufgeschoben worden wäre. Jeder gestorbene Indianer nimmt manche Tradition und manches Wissen von heiligen Riten mit ins Grab, von denen sonst niemand mehr etwas weiß. Deshalb müssen die Informationen über das Leben einer der großen Rassen der Menschheit, die es zum Nutzen kommender Generationen festzuhalten gilt, ohne Verzug gesammelt werden; sonst ist die Gelegenheit dazu für immer verpaßt. Die Einsicht in diese Notwendigkeit war für mich der eigentliche Anstoß zu der Aufgabe, die ich mir hier gestellt habe.»

Edward S. Curtis
Aus dem Vorwort zu Band 1 von ‹The North American Indian›, 1907

Vorwort

Im Sommer 1923, ich war gerade vierundzwanzig Jahre alt geworden, rief mich mein Vater an und fragte mich: «Kann dein Mann nicht für ein paar Monate ohne dich auskommen? Ich habe vor, bei den Indianern in Nord-Kalifornien zu arbeiten und könnte dabei deine Hilfe gut brauchen.» Mein Mann hatte dafür Verständnis, und alles Nötige wurde vorbereitet. Mit der Eisenbahn fuhr ich von Seattle nach Williams in Kalifornien, wo ich mit meinem Vater zusammentraf. In der Kühle des anbrechenden Tages fuhren wir beide mit einem kleinen Automobil nach Westen auf das Gebirge zu, das wir während dieser Saison noch siebenmal durchqueren sollten – und das auf Pfaden, die gerade noch so breit waren, daß man sie ‹Wege› nennen konnte. Vaters Plan, eine illustrierte Geschichte der Indianer Nordamerikas zu verfassen, bedeutete für unsere Familie, daß wir uns damit abfinden mußten, ihn nur bei kurzen Besuchen zu Hause zu sehen. Das war jedesmal eine ganz besonders festliche Gelegenheit. Und dann gab es wieder Zeiten, da er einen oder zwei von uns für die ganze Sommersaison mitnahm. Diesmal war ich die Glückliche, und er wurde für mich ein wundervoller Kamerad, der mir sein reiches unerschöpfliches Wissen über jene freie Wildbahn eröffnete, in der er jedes Jahr so viele Monate zuzubringen pflegte.

In diesem Sommer wurde mir zu ersten Mal bewußt, welche bemerkenswerte Beziehung Vater mit den Indianern verband. Wir hatten unser Lager unter Pappelbäumen in der Nähe eines Dorfes aufgeschlagen, in dem sich Indianer vieler Stämme aufhielten, die sechs verschiedene Sprachen sprachen. Mit Jung und Alt kamen sie in diese Gegend zum Bohnenpflücken, wobei sie bei Temperaturen von über vierzig Grad arbeiten mußten, um ihren kargen Lohn zu ernten. Vater bediente sich wie gewöhnlich eines indianischen Dolmetschers, der als Häuptling oder Medizinmann hohes Ansehen genoß. Vaters Assistent, ein Mister Myers, war schon einmal in dieser Gegend gewesen, um Material zu sammeln. Vater bearbeitete Myers' ethnographische Aufzeichnungen, die in den Band über diesen Indianerstamm aufgenommen werden sollten, und machte außerdem photographische Aufnahmen.

Zwischen uns und den Indianern ergaben sich nicht viele Kontakte. Niemand begrüßte uns besonders, aber ich spürte doch, daß sie uns gegenüber im Grunde freundlich gesinnt waren. Unser Lager stand allen Besuchern offen, und so kam einmal ein junges Mädchen ins Lager gelaufen und erzählte, daß ihre Großmutter schwer krank darnieder liege, wir möchten doch einmal nach ihr schauen. Die Großmutter, eine ältliche Frau, lag ausgestreckt auf dem blanken Boden einer kleinen Lehmhütte. Sie hatte den ganzen Tag in der mörderischen Sonnenglut Bohnen gepflückt. Mein Vater gab seiner Anteilnahme Ausdruck, und wir verließen die Kranke wieder. Als wir außer Hörweite waren, fragte ich, ob wir nicht Hilfe holen sollten. Aber Vater antwortete: «Nein, mein

Kind, ich glaube, darüber müssen die Leute selbst entscheiden.» Am folgenden Tag kam das junge Mädchen wieder in unser Lager, diesmal mit einem Lächeln im Gesicht: «Großmutter geht es viel besser. Der weiße Arzt ist gekommen, konnte aber nicht helfen; doch unser Medizinmann wußte, was zu tun war.» Da begann ich langsam zu verstehen: Vater akzeptierte die Indianer und ihren Glauben und verzichtete bewußt darauf, ihre Lebensgewohnheiten zu ändern.

Ich erinnere mich noch an einen anderen Fall. Wir waren in der Stadt bei einem Wissenschaftler und seiner Frau zum Abendessen eingeladen. Auf dem Heimweg zu unserem Wagen fragte ich Vater: «Ist jener religiöse Brauch, über den dich der Doktor ausfragte und über den er seit vielen Jahren etwas in Erfahrung zu bringen sucht, nicht genau der, von dem dir erst heute berichtet wurde?» Er war sehr erstaunt und fragte, woher ich das denn wisse. «Ach, ich hatte auf einmal so eine Ahnung», gab ich zurück und setzte hinzu: «Du hast nur ein paar Tage gebraucht, um etwas herauszubekommen, was er in vielen Jahren vergeblich zu entdecken versucht hat, und doch hast du nichts davon gesagt.» «Nun ja, ich hatte eben Glück», meinte er. «Du warst nicht nur vom Glück begünstigt, sondern auch bescheiden!» antwortete ich darauf, und er mußte darüber lachen.

Ich erinnere mich heute noch an die Worte meines Vaters: «Ein Indianer merkt sofort, wenn man ihn verachtet.» Er hatte die nötige geistige und seelische Sensibilität, um die wahre Natur der Indianer zu erkennen. Sie hinwiederum enthüllten ihm Züge ihres Innenlebens, die sie gewöhnlich vor Weißen verbergen. Als ich in jenem Sommer meinen Vater beim Photographieren beobachtete, lernte ich seine Arbeit mit ganz neuen Augen sehen. Er achtete immer darauf, daß die Indianer, von denen er Aufnahmen machte, auch indianisch gekleidet seien, und wenn es einen Hintergrund gab, mußte in ihm etwas Charakteristisches für Land oder Leben der Indianer enthalten sein. Wenn er diese stolzen indianischen Köpfe porträtierte, konnte ich beobachten, wie das Eis ihrer ursprünglichen Feindseligkeit allmählich immer mehr dahinschmolz. Sie hatten einen Menschen vor sich, der sie verstand und dem sie etwas bedeuteten. Sie fühlten die Wärme seiner Freundschaft und behandelten ihn ihrerseits als ihren Freund.

Es bereitet mir Genugtuung, daß mein Vater schließlich die Anerkennung findet, deren er selbst sich stets sicher war. Schon lange war es mein Wunsch, nach meinen Kräften zu dieser Anerkennung beizutragen, und ich hoffe, daß mir dies mit dem hier vorliegenden Buch gelungen ist.

Viele Hände haben uns geholfen, die in diesem Buch niedergelegten Informationen zusammenzutragen; ihnen allen sei dafür gedankt. Besonders erwähnen möchten wir Ruth M. Christensen, die Bibliothekarin des Süd-West-Museums. Sie hat uns die Korrespondenz zwischen Curtis und seinem Redakteur Frederick Webb Hodge zur Verfügung gestellt. Hodge war ein langjähriger Mitarbeiter an Curtis' großem Werk und bekleidete anschließend – bis er im 91. Lebensjahr in den Ruhestand trat – fast ein Vierteljahrhundert lang den Posten eines Direktors des Süd-West-Museums. Diese Korrenpondenz zieht sich über 44 Jahre hin; einsetzend im Jahre 1903, endet sie erst 1947. Sie ist bisher nie veröffentlicht worden – ja, von ihrer Existenz wußte niemand etwas, nicht einmal die Mitglieder der Curtis-Familie.

Dank schulden wir auch Renate Hayum von der historischen Abteilung der Public Liberary in Seattle, Andrew F. Johnson von der Universitätsbibliothek Washington und Beverly Russel, dem leitenden Bibliothekar der ‹Seattle Times›, ferner der Zeitungsbibliothek Spokane in Washington, Amy E. Levin, dem Bibliothekar an der Bibliothek des Smithsonian Instituts in Washington, D. C., Manford E. Magnuson und Angus McMillan.

Unserem Text liegen unter anderem folgende Quellen zugrunde: Curtis' Logbuch von seiner letzten Unternehmung, der Reise in den hohen Norden im Jahre 1927, das Tagebuch seiner Tochter Beth vom ersten Teil dieser Reise und die Notizen, die Florence Curtis Graybill von den Gesprächen mit ihrem Vater gemacht hat; weiterhin ihr schriftlicher Bericht über den Sommer 1928, den sie mit ihm bei seinen Außenarbeiten verbrachte, und schließlich die Briefe, die Curtis in seinen letzten Lebensjahren an Harriet Leitch von der Public Library in Seattle schrieb. Dazu folgende Bücher: *Curtis' Western Indians: The Life and Works of Edward S. Curtis'* von Ralph Andrews; *Portraits from North American Indian Life, Edward S. Curtis,* herausgegeben und eingeleitet von A.D. Coleman und T.C. McLuhan; *The North American Indians, A Selection of Photographs by Edward S. Curtis,* Auswahl der Texte und Einleitung von Joseph Epes Brown; *A Quarter-Century in Photography* von Edward L. Wilson; *The Vanishing Race* von Joseph K. Dixon; die Bände von Curtis' Originalwerk *The North American Indian* sowie sein Buch *Indian Days of the Long Ago;* die Photomappen der Expedition von E.H. Harriman nach Alaska; *Will Soule, Indian Photographer at Fort Sill, 1869–1874* von Russell E. Belous und Robert A. Weinstein; *One Hundred Years of Photographic History* von Coke Van Deren; *Bury My Heart at Wounded Knee* von Dee Brown; *The Columbia Encyclopedia; The Encyclopaedia Britannica;* schließlich zahlreiche Zeitungs- und Zeitschriftenartikel.

Die Bildunterschriften zu allen in diesem Band wiedergegebenen Photos (sowohl im Textteil als auch im ‹Portfolio›) stammen entweder direkt von Curtis oder sind als Zitate seinem Werk ‹The North American Indian› entnommen.

Laguna Hills, California, April 1976 *Florence Curtis Graybill*

Der Photograph und seine Ausrüstung

Wie allen großen Künstlern, gelang es dem Photographen Edward S. Curtis, den Schaffensprozeß unsichtbar zu machen. Er beherrschte das Handwerkliche so vollkommen, seine Beobachtungsgabe war so fein, er war so souverän in seiner Technik und so voller Vertrauen in seine Sujets, daß der Betrachter – wie viele übereinstimmend festgestellt haben – in der Lage ist, sich in Wesen und Leben der porträtierten Personen hineinzuversetzen. Um so mehr Grund besteht heutzutage, da jedermann ein ‹Photograph› ist, sich die Frage zu stellen, was für eine photographische Ausrüstung dieser bemerkenswerte Mann damals benutzte, als er drei Jahrzehnte lang von einem Indianerstamm zum anderen reiste. Was für eine Kamera, so fragt man, hat er gehabt? Die Antwort auf diese Frage kann natürlich nur lauten: «Viele verschiedene». Von den zahlreichen Kameras, die Curtis im Laufe der Jahre benutzte – von dem 14 mal 17 Zoll Platten-Ungeheuer, das er vor der Jahrhundertwende auf seine erste Reise nach Alaska mitnahm, bis zu seiner 6 mal 8 Zoll Packfilm-Spiegelreflex-Kamera, mit der er im Jahre 1927 auf seiner letzten Reise, wiederum nach Alaska, arbeitete – scheint ihm der $6^1/_2$ mal $8^1/_2$ Zoll Trockenplatten-Mattscheiben-Apparat am meisten zugesagt zu haben. Immer wieder griff der ‹Chef›, wie ihn seine Mitarbeiter nannten, zu der geliebten alten ‹Premo› mit der drehbaren Doppelkassette, und offenbar ist ein großer Teil der 40000 Aufnahmen mit diesem schönen, aus Mahagony, Messing und Leder gearbeiteten Instrument gemacht worden. Im Jahre 1897 erstmals in den Handel gebracht, konnte sich die Premo einer Victor Rapid Rectilinear Optik und eines Zentralverschlusses rühmen und verfügte noch über andere, für den Freilichtphotographen wichtige Vorzüge, wie etwa ein in der Höhe verstellbares Objektiv mit Schraubeinstellung und doppeltem Balgenauszug, mittels dessen, wie der Name der Kamera besagt, die Lage der Platten-Kassette aus der Horizontalen in die Vertikale verschoben werden konnte, ohne daß man die auf dem Stativ stehende Kamera selbst zu bewegen brauchte. Ein weiterer Vorteil war, daß man, wenn die Umstände es erforderten, mit der Kamera, die ein verhältnismäßig geringes Gewicht besaß, aus der Hand operieren konnte, da die normale Belichtungszeit von $^1/_{25}$ Sekunden ein stativloses Photographieren im allgemeinen ohne Schwierigkeiten zuließ. Damit ist, was das photographische Werkzeug anbelangt, das Wesentliche gesagt, denn es gab noch keine Belichtungsmesser, keine Filter, keine anderen Hilfsmittel, sondern alles, was man hatte, waren Kamera, Stativ, Dunkeltuch und Filme.

Die belichteten Platten wurden gewöhnlich nachts in einem Zelt mittels eines Pyrogallol-Entwicklers entwickelt. Am folgenden Tag wurden Rohabzüge auf Tageslicht-Kopierpapier oder manchmal als Blaupausen hergestellt, die in einem Kopierrahmen in die Sonne gestellt wurden. Namen und andere Daten zur Identifizierung wurden auf Vorder- und Rückseite der Abzüge eingetragen, und in manchen Fällen schrieb Curtis darauf noch besondere Anweisungen für seine Labormitarbeiter in Seattle. Bei einem Bild von einem jungen Mann zum Beispiel, der auf einem Pferd reitet, erschien ein Gegenstand mit unscharfen Konturen, der an einer Schnur herunterbaumelte und offensichtlich gegen die Flanke des galoppierenden Tieres schlug. Curtis malte mit seiner Schreibfeder einen Kreis darum und schrieb daneben: «Laßt das wie ein Huhn aussehen!» Natürlich war es in Wirklichkeit ein Huhn – zweifellos auf dem Weg in den Kochtopf –, aber Curtis wollte, daß es auch so aussah wie ein Huhn, und gab seinem Labor entsprechende Anweisungen. Retusche war ein Hilfsmittel, das er da anwandte, wo es nötig war.

Jean-Antony Du Lac

Edward Sheriff Curtis, Selbstporträt, 1899

Edward S. Curtis – Leben und Werk

Das Atelier von Curtis in Seattle war Ende der neunziger Jahre das Geschäft, in das die jungen Damen der Gesellschaft gingen, um sich porträtieren zu lassen. So war es damals üblich; von Curtis porträtiert zu sein, galt bei ihnen als chic. Wenn sie sich aber auch noch von der aristokratischen Persönlichkeit des jungen Atelierbesitzers angezogen fühlten – er maß 1,89 m, war von athletischem Körperbau und trug einen schöngepflegten van Dyck-Bart – wurden sie meistens enttäuscht; denn Curtis selbst war gewöhnlich gar nicht da, sondern unterwegs, um Bilder von Indianern zu machen.

Das Interesse an den Indianern als photographischem Sujet erwachte in Curtis in dem Augenblick, da er auf Prinzessin Angeline stieß, eine bejahrte Tochter des Häuptlings Sealth (dessen Name irgendeinen Zusammenhang haben muß mit dem Namen der Stadt Seattle), die in der Nähe ihrer Hütte an der Puget-Bucht nach Muscheln grub. «Ich gab der Prinzessin für jedes Bild, das ich von ihr machte, einen Dollar», so erinnerte sich Curtis noch viele Jahre später, «das schien ihr ungemein zu gefallen, und sie gab zu verstehen, daß sie viel lieber ihre Zeit damit verbringen würde, sich photographieren zu lassen, als damit, Muscheln auszugraben». Als Curtis eines Morgens die Tulalip-Reservation besuchte, dort den indianischen Polizisten und dessen Frau für den einen Tag anheuerte und zahlreiche Aufnahmen machte, kam er den Indianern wiederum näher. Er kehrte eines Tages dorthin zurück und photographierte weiter. Bei dieser Gelegenheit gewann er das Vertrauen der Indianer, indem er, wie er erklärte, sie seine Mitarbeiter nannte: «Mit anderen Worten, ich arbeitete mit ihnen und nicht über sie.»

Nachdem er drei Sommer lang Aufnahmen von den Indianern gemacht hatte, schickte er drei von seinen Bildern, nämlich ‹*Die Muschelgräberin*› (sein erstes überhaupt), ‹*Heimwärts*› und ‹*Der Miesmuschelsammler*› in die Nationale Photo-Ausstellung und gewann mit ihnen den Großen Preis. Die Ausstellung wurde auf eine Welttournee geschickt, und die preisgekrönten Bilder erhielten weitere Preise, wohin sie auch kamen; einer der Preise bestand aus einer Medaille aus massivem Gold.

Curtis erzielte diese Erfolge mit einer Box-Kamera im Format von 14 mal 17 Zoll, die mit Mattscheibe ausgestattet und für Plattenkassetten eingerichtet war. Den Apparat hatte er von einem Goldgräber gekauft, der sein Glück auf den kalifornischen Goldfeldern versuchen wollte und Geld für den Erwerb der nötigen Schürfrechte brauchte. Zu der Zeit hätte es schon erheblich kompliziertere und besser ausgerüstete Instrumente gegeben. Die moderne Photographie hatte schon etliche Jahre früher ihren Einzug gehalten, genauer gesagt im Jahre 1880, als Georg Eastman die Trockenplatte einführte und dadurch die Belichtungszeiten auf Bruchteile von Sekunden verkürzen konnte.

Prinzessin Angeline. Diese bejahrte Frau, Tochter des Häuptlings Sealth (Seattle), war Jahre hindurch eine stadtbekannte Erscheinung auf den Straßen von Seattle.

Edisons Erfindung der elektrischen Glühbirne hatte der Technik der Photographie zusätzlichen Auftrieb gegeben, da man vom Tageslicht unabhängig wurde. Von da an konnte ein photographisches Atelier auch im Parterre eines Hauses eingerichtet werden, so daß man nicht mehr mit dem Aufzug hinauffahren oder viele Treppen ersteigen mußte.

In den Jahren nach 1880 wurde die Photographie so populär, daß viele Künstler, unter ihnen zum Beispiel John Singer Sargent und James McNeill Whistler, Pinsel und Palette beiseite legten, um mit der Kamera als künstlerischem Ausdrucksmittel zu experimentieren, wie es lange zuvor schon der bekannte schottische Porträtmaler David Oktavius Hill mit noch viel primitiveren Photoapparaten drei Jahre lang getan hatte, bis er wieder an seine Staffelei zurückkehrte. Und dann kam Eastmans Kodak, die erste handliche und aus der Hand zu bedienende Kamera. Mit einer festen Brennweite machte sie kreisrunde Aufnahmen in einem Format von zweieinhalb Zoll im Durchmesser auf einem Rollfilm, der einhundert Belichtungen zuließ. Photographieren wurde schlagartig die große Mode, und nur das Radfahren konnte noch damit konkurrieren. «In jeder Familie gab es einen begeisterten Amateurphotographen», bemerkte im Jahre 1896 der ‹Scientific American›. Für diejenigen, die es sich nicht leisten konnten, einen Photoapparat zu kaufen, gab es Handbücher mit Anleitungen zum Selbstbau einer Kamera, genau wie in den ersten Tagen des Radios, als viele sich ihren Rundfunkempfänger selbst bastelten.

Curtis hatte seine erste Kamera nach einer Anleitung, die er in einem geborgten Handbuch fand, selbst gebaut. Er bastelte zwei hölzerne Kästen, von denen er einen in den anderen hineinpaßte, und befestigte an der Stirnseite eine Linse. Die stammte aus einem Stereoskop, das sein Vater aus dem Bürgerkrieg mitgebracht hatte. Die Familie Curtis war nicht gerade üppig mit irdischen Gütern gesegnet. Johnson Curtis war ein hart schuftender Landwirt und Teilzeit-Prediger. Wenn er jeden Herbst mit dem Kanu loszog und seine auf Hunderte von Quadratmeilen in den Wäldern von Minnesota verstreuten Gemeindemitglieder besuchte, um hier und da Gottesdienste abzuhalten, Ehen zu schließen, oder auch Kinder zu taufen, nahm er den jungen Edward – das zweite seiner vier Kinder – mit, der ihm beim Paddeln helfen sollte. Ein Mehlsack voller herrlich geräucherter

Die Muschelgräberin. Muscheln stellen ein wichtiges Nahrungsmittel für alle dar, die in der Umgebung von Muschelbänken leben; für andere bedeuten sie eine verhältnismäßig luxuriöse Speise, die durch Tausch erhältlich ist. Das Werkzeug des Muschelgräbers ist ein hölzernes Grabscheit.

Moschusrattenkeulen war jedesmal ein wesentlicher Teil dessen, was Vater und Sohn als Entschädigung für ihre Dienste nach Hause brachten.

Curtis erzählte gern von den Zeiten, als die Familie manchmal wochenlang nichts anderes zu essen hatte als gekochte Kartoffeln – immer nur gekochte, weil es kein Schmalz gab, um etwa zur Abwechslung einmal Bratkartoffeln zu machen. In einer solchen kargen Zeit kam eines Nachmittags kurz vor der Abendessenszeit der Vorsitzende des Ältestenrat der Gemeinde auf seinem Pferd angeritten. Mrs. Curtis rief den jungen Edward und sagte: «Wir können dem Gast unmöglich gekochte Kartoffeln vorsetzen. Sitzt nicht vielleicht diese alte asthmatische Schildkröte noch unten am Teich?» Als der Gast sein Schildkrötengericht verzehrt hatte, meinte er anerkennend: «Das war eine der köstlichsten Speisen, die ich je gegessen habe. Was war das nur für ein Fleisch?» Als er hörte, was man ihm vorgesetzt hatte, wurde ihm schlecht.

Etwa ein Jahr arbeitete Curtis in einem Photoatelier in St. Paul und erwarb sich dort eine gewisse Erfahrung im Kopieren und Beschichten; in seiner Freizeit war er unablässig dabei, mit seiner selbstgebauten Kamera Bilder zu machen. Danach versuchte er sich auf eigene Faust in dieser Branche, hatte aber keinen Erfolg, weil die um ihre Existenz kämpfenden Einwohner der kleinen rückständigen Gemeinde alles andere hatten als das dringende Bedürfnis, sich porträtieren zu lassen. Edward trennte sich deshalb von seiner Kamera und fand, obwohl er noch nicht achtzehn Jahre alt war, beim Bau der Soo-Eisenbahnlinie eine Stelle als Aufseher über 250 Franko-Kanadier. Im folgenden Jahr 1887 zog die Familie Curtis mit Rücksicht auf die Gesundheit des Vaters Curtis nach Washington Territory und bezog am Südende der Puget-Bucht Wohnung, nahe dem heutigen Port Orchard. Zu den Attraktionen, die die neue Umgebung für Edward bot, gehörten in erster Linie die Töchter der in der Nachbarschaft wohnenden Familie Phillips.

1892 heiratete er Clara Phillips, die – intelligent, belesen und anregend im Gespräch – Edwards Liebe zu dieser weiten malerischen Landschaft des Nordwestens teilte, nicht jedoch sein Interesse am Photographieren. In dem Jahr, in dem er heiratete, kaufte Curtis für 150 Dollar ein Photoatelier in Seattle, Second Avenue Nr. 614. Henry Guptil stellte dieses Geld zur Verfügung; zwei Jahre später konnte Curtis ihn abfinden. ‹Curtis und Guptil›, wie das Atelier zunächst hieß, spezialisierte sich auf ‹Familienporträts› und auf Sepia-Drucke von Curtis' Indianerbildern. Nach und nach erwarb es sich Ansehen als die Werkstatt, die die gesellschaftliche Elite aufsuchte, um sich porträtieren zu lassen, – insbesondere jene bereits erwähnten jungen Damen aus besserem Hause.

Doch der Besitzer des Photostudios glänzte häufig durch Abwesenheit, streifte mit seinem Photoapparat in immer fernere Gegenden und photographierte nicht nur Indianer, sondern auch Landschaften. Eine weitere Quelle für szenische Vorwürfe stellte der 4260 m hohe Mount Rainier mit seinen Seen dar, in denen sich Bergspitzen, Wälder und Blumen spiegelten. Curtis wurde ein geübter Bergsteiger. Hin und wieder führte er, selbst beladen mit seiner Kamera und einer schweren Last von photographischen Platten, andere Leute auf den Gipfel, einmal sogar 108 Kiwani-Club-Mitglieder. Zwei Sommer verbrachte er zum größten Teil damit, am Rainier zu photographieren. «Im zweiten Sommer kam eine Schar von hochgelahrten Leuten, um den Berg zu studieren», schrieb Curtis im Jahre 1951 an Harriet Leitch von der Städtischen Bibliothek in Seattle, die ihn um Informationen über sein Leben gebeten hatte. «Ein paarmal verirrten sich diese Forscher. Es gelang mir schließlich, sie in mein Lager zu bringen, wo ich sie auftaute und zu Bett brachte. Danach wurde ich ihr Führer und verschaffte dem Berg die einmalige Gelegenheit, seinerseits diese illustre Gesellschaft zu besichtigen.» Die ‹Hochgelahrten› waren alles prominente Leute; unter ihnen Dr. C. Hart Merriam, Physiker und Naturkundler, der damals die Biologische Forschungsanstalt der Vereinigten Staaten leitete, ferner Gifford Pinchot, der Chef der Forst-Abteilung (des späteren Forst-Dienstes im Landwirtschaftsministerium) und nachmalige Gouverneur von Pennsylvanien, der als Pionier des Naturschutzes und durch seine wissenschaftlichen Veröffentlichungen über Bäume bekannt war. Ein Dritter in dieser Gruppe war George Bird Grinnell, der Herausgeber der Zeitschrift ‹Forest and Stream›, auch ein Naturfreund und Naturschützer, der sich durch seine Bücher über die Prärie-Indianer einen Namen gemacht hatte.

Das Ergebnis dieser zufälligen Begegnung mit den Prominenten auf dem Rainier-Berge im Jahre 1898 war, daß Curtis von dem Eisenbahnmagnaten E. H. Harriman eingeladen wurde, im darauffolgenden Sommer als offizieller Photograph an einer Expedition nach Alaska teilzunehmen. Harriman, der anfänglich nur eine Art Familienausflug im Sinne gehabt hatte, ließ sich von den Männern, die Curtis auf dem Rainier getroffen hatte, überreden, aus dieser Reise eine ausgewachsene wissenschaftliche Expedition zu machen; die Liste seiner Begleiter las sich wie Kürschners Gelehrtenlexikon. Unter den Mitgliedern der Reisegesellschaft befanden sich die Naturwissenschaftler John Muir und John Burroughs, die die meiste Zeit damit verbrachten, auf das hitzigste miteinander zu streiten. Muir hat später geschrieben, einer der aufregendsten Augenblicke der ganzen Expedition sei gewesen, als Curtis und sein Assistent unter dem Muir-Gletscher von einem kleinen stoffbespannten Kanu aus Aufnahmen machten. Die übrige Gesellschaft, die den beiden von einem Hügel aus zusah, wurde Zeuge, wie ein großer Eisbrocken von dem Gletscher abbrach und ins Wasser stürzte. Das Boot, das bereits durch die Belastung mit den beiden Männern und den Apparaten sehr tief im Wasser lag, verschwand; zwar erschien es wieder oben auf einer Welle, um aber gleich darauf von neuem zu verschwinden, als ein zweiter Eisbrocken mit großem Getöse aus dem Gletscher in die Bucht stürzte. Die Männer auf dem Hügel wandten sich tödlich erschrocken ab in der Gewißheit, Zeugen einer Tragödie gewesen zu sein.

Zusammen machten Curtis und sein Assistent, D. G. Inverarity, auf dieser Reise, auf der sie 16000 Kilometer zurücklegten und bis an den Rand von Sibirien vordrangen, mehr als 5000 Photographien. «Die Sommertage in Alaska sind sehr lang, und Mr. Harriman legte Wert darauf, daß ich photographierte, solange das Tageslicht es zuließ», schrieb Curtis an Miss Leitch.

Im Sommer nach der Harriman-Expedition besuchte Curtis als Gast von George Bird Grinnell die Blackfoot-Indianer von Montana. Grinnell hatte zwanzig Jahre hindurch jeden Sommer bei diesen Indianern verbracht und war unter dem Beinamen ‹Vater der Blackfoot-Indianer› bekannt. Es war für Curtis ein ganz entscheidendes Erlebnis, als er und Grinnell hoch zu Roß auf einem hohen Felsen standen, von dem aus sie die weite Ebene übersehen konnten, in der die Indianer zu ihrem jährlich stattfindenden Sonnentanz in der Piegan Reservation zusammenkamen. Nie zuvor hatte er so viele Indianer auf einmal gesehen. «Der Anblick dieses großen Lagers von Prärie-Indianern war

Sonnen-Tanz-Lager – Piegan. Curtis sah die Piegan zum ersten Mal im Sommer 1898 in der Zeit ihrer Medizinversammlungs-Zeremonie. Er schrieb darüber: «Das Lager, in dem sie kampierten, lag in einer Senke in der Prärie, so daß es dort von niemandem, der sich dem Punkt näherte, eingesehen werden konnte. Erst wenn man ganz nahe herantrat, hatte man mit einem Schlag das ganze Lager vor Augen und genoß einen wirklich faszinierenden Anblick.»

unvergeßlich», erinnerte er sich Jahre später, als er auf das Drängen seiner Familie etwas über sein Leben aufschrieb. «Kein Haus und kein Zaun verdarben die Landschaft. Die weite, wogende Prärie, die sich meilenweit nach Westen bis zu den Little Rockies hin erstreckte, war übersät von Tipis. Die Blood und die Blackfeet aus Kanada waren ebenfalls eingetroffen, um ihre Algonkin-Verwandten zu besuchen.» Er beschrieb die Szene noch weiter, wie Männer und Frauen auf Pferden ritten, einige auch auf Wagen reisten; Lagerausrüstung, persönliche Habseligkeiten, kleine Kinder und junge Hunde wurden auf sogenannten ‹Travois› gezogen, einem Transportmittel der nordamerikanischen Indianer, das aus zwei Stangen bestand, die durch einen Rahmen zusammengehalten und von einem Pferd gezogen wurden (vgl. die Abbildung 81 im ‹Portfolio›).

«Es machte», so erinnerte sich Florence Curtis, «einen sehr tiefen Eindruck auf ihn, und er sprach später noch oft davon.» Für die meisten Leute wäre es nicht viel mehr gewesen als eine Ansammlung von Indianern; ihm dagegen war schon damals bewußt, daß er einer der letzten Zeugen einer Szene war, wie man sie schon bald nie wieder würde sehen können.» Die Indianer, die östlich des Mississippi gelebt hatten, galten bereits als endgültig verschwunden, ohne daß eine wirkliche Dokumentation ihrer Lebensgewohnheiten zustande gekommen wäre. Als sich die Flut der weißen Herrschaft unerbittlich zum Pazifik hin wälzte, folgten die Siedler gewöhnlich der Parole von General Philip Sheridan: «Der einzige gute Indianer ist ein toter Indianer.» Dem roten Mann war nach der Schlacht am Wounded Knee, dem My Lai jener Tage, nicht mehr viel Mut geblieben, nachdem dort an die dreihundert unbewaffnete Männer, Frauen und Kinder von der Kavallerie der Vereinigten Staaten niedergemetzelt worden waren. Überall im Westen war der rote Mann betrogen, verdorben, gemordet und massakriert worden. Dabei waren die Missionare zu dieser Zeit schon eine ganze Weile unterwegs und eifrig bestrebt, aus diesen Heiden Christen zu machen. Curtis sah voraus, wie schnell der Tag kommen würde, an dem es die Indianer von einst nicht mehr geben würde; ihre Rasse war zum Untergang verurteilt.

Zehn Tage, nachdem Curtis mit Grinnell zusammen die Szene in der Montana-Prärie beobachtet hatte, arbeitete er bei den Hopi im südlichen Arizona. Schon vor ihm hatte es Leute gegeben, die von Indianern Bilder machten. Unter diesen ist z. B. George Catlin zu nennen, Jurist und Maler aus Wilkes-Barre, Pennsylvania, der im Jahre 1832 gen Westen zog, um den roten Mann zu malen. Catlin war von dieser Tätigkeit so gefesselt, daß er seine Anwaltspraxis aufgab und fünfundzwanzig Jahre hindurch bei den Indianern blieb. Im Jahre 1850 veröffentlichte Henry Schoolcraft aus Mackinac Island in Michigan sechs Bände über die Indianer, die mit Stahlstichen nach Zeichnungen von Hauptmann Seth Eastman illustriert waren. Der erste aber, der seine Bilder mit einem photographischen Apparat machte, war offenbar William Henry Jackson aus Denver. Er reiste mit einem leichten Wagen, auf dem eine Dunkelkammer untergebracht war, und knipste Indianer, Güterzüge, Pony-Expreß-Reiter und ähnliche für den Westen typische Objekte. Dann waren da ferner Will Soule, der die Indianer um Fort Sill in Oklahoma photographierte, und Adam Clark Vroman, der mit Vorliebe Bilder von den Indianern des Südwestens machte, – beide prominente Vorgänger von Curtis in der Reihe der ‹Schattenfänger›, wie die Photographen von den Indianern genannt wurden. Aber Curtis stand insofern allein da, als er systematisch und nach einem großangelegten Plan vorging. Er hatte sich, wie er es später umschrieb, vorgenommen, «eine photographische Geschichte der Indianer Nordamerikas» zu verfassen. Dazu sollte dieses Volk auf dem Film dokumentarisch festgehalten werden, ehe es seine Eigenart unter dem Einfluß der Kultur des weißen Mannes zu weit eingebüßt hätte. Jedem Bild wollte er einen ‹sprechenden› Titel geben, der etwas Spezielles über den betreffenden Stamm aussagte.

Im Sommer des Jahres 1904 wurde Curtis in seinem Unternehmen von Präsident Theodore Roosevelt ermutigt, der ihn nach Sagamore Hill, dem Sommersitz der Roosevelts an der Austernbucht im Staate New York, eingeladen hatte, damit er die Familie photographiere. Roosevelt hatte nämlich die Bilder gesehen, die Curtis von einem Kind gemacht hatte, das aus einem Wettbewerb

Edward S. Curtis in einem Kutenai-Kanu, wahrscheinlich um das Jahr 1904.

Präsident Theodore Roosevelt, aufgenommen von Curtis im Jahre 1904.

als schönstes Kind Amerikas hervorgegangen war; seine Bilder hatte das ‹Ladies Home Journal› veröffentlicht. Roosevelt hatte selbst als Bewohner seiner Elkhorn-Farm in den Dakota-Badlands lange Zeit in indianischem Gebiet verbracht und war ein großer Freund der Indianer. Voll Bewunderung sah er sich die Mappe mit Photographien von Indianern an, die sein Besucher mitgebracht hatte, und hörte aufmerksam zu, als Curtis ihm seine Pläne entwickelte. «Ich will alles tun, was in meiner Macht steht, um Sie zu unterstützen», versprach ihm der Präsident enthusiastisch, als Curtis seinen Vortrag beendet hatte.

In diesem Augenblick hatte Curtis allerdings noch keine Ahnung von den Ausmaßen des Unternehmens, auf das er sich eingelassen hatte. Niemals hätte er sich vorgestellt, daß die Arbeit, die er in der Hitze der südwestlichen Küste begonnen hatte, dreißig Jahre später in einem heulenden Sturm jenseits des nördlichen Polarkreises enden würde, daß er von Mexiko bis Alaska mehr als achtzig verschiedene Stämme studieren, mehr als vierzigtausend Aufnahmen machen, mehr als zehntausend Wachszylinder bespielen und Hunderttausende von Worten aufschreiben würde, die alle zusammen ein ethnologisches Meisterwerk ohnegleichen darstellen sollten. Er konnte nicht ahnen, daß diese Arbeit praktisch sein ganzes Leben in Anspruch nehmen würde. Es sollte keine Ferien mehr geben, kaum ein freies Wochenende. Sechzehn Stunden Arbeit am Tag, sieben Arbeitstage pro Woche – und das jahrein, jahraus bis ins hohe Alter. «Wenn man den indianischen Gepflogenheiten bei der Namengebung folgte, würde man mich den ‹Mann, der sich niemals Zeit zum Spielen nahm› genannt haben», schrieb Curtis rückblickend im Alter von dreiundachtzig Jahren. Eines aber wußte Curtis bereits in jenen ersten Tagen, nämlich, welcher Art die übernommene Aufgabe war. «Ich faßte den Entschluß, die Photos nach dem allerletzten Stande der Technik zu machen, und in einem Format, das erlauben würde, ein Bild so zu studieren, als ob es die Haut des porträtierten Indianers selbst wäre. Und vor allem anderen: Keines dieser Bilder sollte irgendetwas zeigen, was auf Einflüsse der Zivilisation schließen ließe, weder hinsichtlich der Kleidung noch der Landschaft oder anderer Gegenstände im Bild. Diese Aufnahmen sollten eine Dokumentation darstellen, aus der künftige Generationen noch ersehen können, wie die Indianer lebten und in welcher Umgebung sie sich bewegten zu einer Zeit, als sie noch kein Bleichgesicht kennengelernt hatten und noch nicht wußten, daß es auf dieser Erde auch noch andere Menschen und andere Dinge gab, als die, die sie mit ihren eigenen Augen sahen und sehen konnten.»

Zuerst ging nicht immer alles nach Wunsch, vor allem auch deshalb nicht, weil Curtis von den Indianern auch nicht mehr wußte als der normale Durchschnittsbürger. Sie schossen auf ihn, sie drängten sich in hellen Haufen vor seine Linse. Ein betrunkener Indianer zu Pferde ritt ihn einmal fast um. Ein anderer warf Hände voll Schmutz auf seine Kamera – worauf Curtis sein Messer zog und den Angreifer verscheuchte. Dadurch, daß er zeigte, daß er kein Feigling war, dadurch, daß er sich ungezwungen gab und sich mit indianischen Kindern und Hunden anfreundete, vor allem aber dadurch, daß er verstehen lernte, wie die Indianer ihn selbst und den weißen Mann – dem sie sich überlegen fühlten – überhaupt sahen, gewann Curtis bei den Indianern Respekt. Und noch ein Umstand kam ihm dabei ganz unbeabsichtigt zugute. «Ein Indianer ist wie ein Tier oder wie ein kleines Kind», sagte er einmal, «und spürt instinktiv, ob man ihn gern hat, oder ob man ihn von oben herab behandelt. Von mir wußten die Indianer, daß ich sie liebte und daß ich mir Mühe gab, etwas für sie zu tun.» Als Curtis im Jahre 1911 bereits vierzehn Jahre an seinem Werk gearbeitet hatte, erzählte er einmal einem Berichterstatter der ‹New York Times›: «Viele von den Indianern sind nicht nur bereit, sondern eifrig bestrebt zu helfen. Sie haben die Idee meines Vorhabens begriffen, daß es nämlich ein bleibendes Denkmal ihrer Rasse werden soll, und das spricht ihre Einbildungskraft an. Die Nachricht darüber geht von Stamm zu Stamm [...] Wenn ich einen Stamm besucht und erforscht habe, erzählt dieser dem nächsten Stamm, daß auch dann, wenn die jetzt lebende Generation nicht mehr da ist, die Menschheit aus diesem Werk wissen wird, was für ein Volk die Indianer waren und was sie geleistet haben – und dann will der zweite Stamm natürlich

‹Schwarzer Adler› – Assiniboin. Er wurde 1834 am Missouri unterhalb von Williston, Nord-Dakota, geboren und nahm schon im Alter von 13 Jahren zum ersten Mal an einem Kriegszug teil. Allerdings legte er weder bei dieser noch den beiden folgenden Gelegenheiten viel Ehre ein. Bei seinem vierten Feldzug jedoch war er erfolgreicher und erbeutete ganz allein sechs Pferde von den Yanktonai. ‹Schwarzer Adler› war dreimal Anführer bei Kriegszügen. Mit 18 Jahren heiratete er.

nicht übergangen werden. So kam es vor, daß Stämme, hinter denen ich seit vier oder fünf Jahren vergeblich her war, mich bitten ließen, zu ihnen zu kommen und sie zu besuchen. Wenn sie nicht von selbst auf diese Idee kamen, pflegte ich es ihnen plausibel zu machen, indem ich sagte: ‹Dieser und jener Stamm wird in dieser Dokumentation festgehalten sein, aber ihr nicht! Eure Kinder werden darin nach euch suchen und nichts finden, und dann werden sie denken, ihr hättet überhaupt nichts dargestellt, während die anderen Stämme für etwas ganz Besonderes gehalten werden.›»

Diese Taktik verfehlte schließlich auch bei dem ‹Schwarzen Adler› ihre Wirkung nicht. Dieser Häuptling der Assiniboin, ein neunzigjähriger Stammesältester mit zerfurchtem Gesicht, hatte sich sein ganzes Leben hindurch geweigert, den Bleichgesichtern auch nur ein Wort über sein Volk zu erzählen; einen ganzen Tag lang zeigte er sich Curtis gegenüber feindlich und abweisend und erlaubte ihm nicht einmal, ihn zu photographieren; aber dann tauchte der alte Häuptling plötzlich um drei Uhr nachts in Curtis' Zelt auf, legte dem Schlafenden zu dessen größter Überraschung eine Hand auf die Schulter und sagte: «Ich will, daß in dem Buch etwas über den ‹Schwarzen Adler› steht.» «Das wird geschehen, wenn Du mir etwas erzählst, was ich schreiben kann», antwortete Curtis, und damit war der Boykott des ‹Schwarzen Adlers› gebrochen. Einmal kamen sogar die Elemente Curtis zu Hilfe. Er war mit seinem Dolmetscher stundenlang bei nassem und unwirtlichem Wetter geritten, um einen alten Priester aufzusuchen, der versprochen hatte, ihm alles über eine Geheim-Zeremonie zu enthüllen. Curtis merkte aber sehr bald, daß der Priester mit einigem hinter dem Berge hielt und nur Bruchstücke der Geschichte preisgab. Er unterbrach deshalb das Verfahren: «Deine Götter werden dir zürnen, weil du mich belügst», begann er zu schelten. Da zuckte genau im rechten Augenblick ein Blitz über den Himmel, dem der entsprechende Donner folgte. «Siehst du», sagte Curtis, «sie wissen, daß du mich belogen hast.» Der Priester ergriff einen Mantel aus weißem Büffelfell, stieg damit auf das Dach seiner Hütte und schwenkte ihn gegen den Himmel, während der Gewittersturm zunahm. Leidenschaftlich flehte er die Götter an, ihm zu verzeihen, wobei seine beschwörenden Anrufe mehrfach im Getöse des Donners untergingen. Danach erfuhr Curtis von ihm ausführlich und genau die Geschichte, auf die er aus gewesen war.

Der Schlüssel zum Vertrauen der Indianer war, wie Curtis herausfand, ihre Religion. Er verstand, warum sie mit diesem wichtigen Thema so zurückhaltend waren. «Auch zivilisierte, gebildete Menschen sind nicht geneigt, einem neugierig Fragenden das innerste Heiligtum ihrer Seele zu offenbaren», sagte Curtis bei einem Interview für den ‹Washington Star› im Jahre 1908. «Wenn schon Gebildete sich vor einer solchen Selbstentblößung scheuen, was kann man dann anderes von einem Primitiven erwarten, dem von Anfang an erzählt worden ist, daß seine Götter gar nicht existierten, und daß seine Religion nur falscher und kindischer Aberglaube sei.» Curtis vertiefte sich ins Studium der vergleichenden Religionswissenschaft und trug eine umfassende Bibliothek von einschlägiger Literatur zusammen, die er bis an sein Lebensende bei sich behielt. Er war auf diesem Gebiet so beschlagen, daß er sich mit den Indianern ohne weiteres über religiöse Themen unterhalten konnte. Wollte eine solche Unterhaltung nicht recht in Gang kommen, so pflegte er absichtlich irgendeine falsche Behauptung aufzustellen, um damit eine Richtigstellung zu provozieren. Sein indianischer Gesprächspartner war alsdann bemüht zu erklären, warum Curtis unrecht hatte, und schon war das Eis gebrochen. Mit der Zeit begriffen die Indianer, daß sie in Curtis einen Freund besaßen, der ihre Erkenntnis teilte, «daß alle Dinge das Werk des Großen Geistes sind», wie der ‹Schwarze Elch› von den Oglala-Sioux es in seinem Gebet ausdrückte. «Wir sollten nie vergessen, daß ER in allen Dingen wohnt, den Bäumen, den Gräsern, den Flüssen, den Bergen, in allen vierbeinigen Tieren und in den geflügelten Lebewesen!» Mit gutem Recht konnte deshalb Theodore Roosevelt in seinem Vorwort zu dem Werk schreiben: «Mr. Curtis ist etwas gelungen, was keinem anderen Menschen jemals geglückt ist. Er hat uns einen Blick in das ganz fremdartige geistige und seelische Leben der Indianer vermittelt, von dessen innersten Bezirken alle Weißen für immer ausgeschlossen sind.»

Curtis überstand so viele gefährliche Situationen unversehrt, daß manche Leute glaubten, er trüge eine Hasenpfote bei sich, deren magische Kraft ihn beschütze. Einer seiner ersten Unfälle ereignete sich, als er eines Nachmittags in der mörderischen Hitze eines Hochsommertages in der südkalifornischen Wüste unweit von Palm Springs arbeitete und die Cahuilla-Indianer photographierte. «Ich war so völlig in meine Arbeit vertieft, daß ich mich wohl zu lange den Sonnenstrahlen aussetzte», schrieb er in seinen nur widerwillig verfaßten Memoiren, die niemals vollendet wurden. «Das erste, woran ich mich danach erinnern konnte, war, daß ich im Morgengrauen in einem oasenähnlichen Garten erwachte. Dieser Garten war mit Stacheldraht eingezäunt, und fast auf jedem Zaunpfosten saß ein Geier. Ein schrecklicher Gestank beherrschte die ganze Gegend. Offengestanden, ich war keineswegs sicher, ob ich tatsächlich noch lebte.» Der Besitzer des Grundstücks erschien und erklärte, Curtis' indianischer Führer habe ihn am Vortag in der Wüste aufgefunden, wo er infolge eines Sonnenstiches ohnmächtig geworden sei. Der Besitzer bat nun seinerseits Curtis um einen Gegendienst, daß er ihm nämlich helfe, einen Sarg für seine Frau zu bauen, die in der Nacht zuvor an einer Krankheit verstorben war und deren schnell verwesender Leichnam die Ursache für den Geruch und die lauernden Geier war. «Wir zimmerten, so schnell es ging, eine rohe Kiste zusammen, wobei wir dauernd mit den Geiern kämpfen mußten. Dann legten wir die tote Frau in diese Kiste, hoben sie auf einen Wagen und begaben uns anschließend auf den recht schwierigen Weg nach Banning, gute 36 km entfernt, wo sich das nächstgelegene Beerdigungsinstitut befand. Unglücklicherweise schloß der Sarg nicht dicht, so daß der Verwesungsgeruch auf Schritt und Tritt mit uns reiste. Es gab keine gepflasterten Straßen, und Staub und Hitze ließen uns den Weg schier endlos erscheinen.»

Als Curtis mit seiner Arbeit fortfuhr, wuchs sein Eifer. «Je länger ich an dieser Bilder-Sammlung arbeite, um so sicherer erkenne ich ihren großen Wert», schrieb er am 28. Oktober 1904 an Frederick Webb Hodge vom Büro des Smithsonian Instituts für amerikanische Ethnologie in Washington, D.C. Zu dieser Zeit hatte Curtis gerade einen längeren Besuch bei den Navajo und den Apache im Südwesten hinter sich. Gleichzeitig machte er jedoch noch eine andere Erfahrung, wie er in seinem Brief an Hodge andeutete: «Die einzige Frage, die mich jetzt stark beschäftigt, ist, ob ich fähig sein werde, lange genug bei meiner Arbeit auszuharren; wenn man sie gründlich machen will, wird sie ungeheuer kostspielig; zudem wird es für mich sehr schwierig sein, der Aufgabe so viel Zeit zu widmen, wie ich gerne möchte.»

Im Dezember dieses Jahres mieteten Freunde in Seattle die Christensen-Halle, damit Curtis der Öffentlichkeit einige seiner Photographien zeigen konnte. Das Publikum nahm seine Bilder mit großer Begeisterung auf. Von dem Bild ‹Die drei Häuptlinge›, das drei Reiter vom Piegan-Stamm in Montana zeigte, die nach dem Horizont ausspähen, sagte die ‹Seattle-Times›: «Diese Aufnahme ist in den Linien ihrer Komposition so bemerkenswert, daß wir uns wundern, wie derartige Wirkungen mit einer photographischen Kamera erzielt werden können.» Und über ‹Die untergehende Rasse› – das Bild einer Kolonne berittener Indianer, die sich in der Abenddämmerung in das dunkle Eingangstor eines Canyons zurückzieht – urteilte das Blatt, ihm sei «eine gespenstische Mystik zu eigen, wie man sie selten in Bildern findet». Ähnliche Äußerungen über dieses Bild waren im Laufe der folgenden Jahre noch oft zu hören. Dabei hatte Curtis, als er das entsprechende Negativ in sein Labor in Seattle brachte, zunächst die Befürchtung gehabt, das Bild könnte zu dunkel sein. Aber A.F. Muhr, der gute Geist seiner Dunkelkammer, versicherte ihm: «Ich werde schon dafür sorgen, daß es herauskommt.»

Einen Riesenerfolg hatte Curtis, als er an einem Abendessen in Seattles exklusivem Rainier-Club teilnahm. Er zeigte dort 150 seiner Diapositive und erzählte, wie die Aufnahmen zustande gekommen waren. Als die Nachricht von diesem Ereignis nach Portland drang, luden ihn die Mazamas ein, auch zu ihnen zu kommen und seinen Lichtbildervortrag im White Temple zu wiederholen. Hier wurde er nicht weniger herzlich empfangen. Der ‹Oregonian› berichtete darüber: «Es ist mit Sicherheit ein Bildungswerk von einzigartigem Wert, das allen Schulen, Lehrern und Studenten der amerikanischen Geschichte sowie der Öffentlichkeit ganz allgemein zugänglich sein sollte.» So breitete sich Curtis' Ruhm immer weiter aus. Anfang des Jahres 1905 brachte Curtis auf Anregung von Erastus Brainard, dem Lobbyisten für den Staat Washington, eine Auswahl seiner Aufnahmen nach Washington, D.C., wo E.H. Harriman dabei behilflich war, eine Ausstellung in dem vornehmen Washington-Club zu veranstalten. Ihr folgte eine weitere Ausstellung in dem ebenso eleganten Cosmos-Club, der in Dolly Madisons früherem Haus seinen Sitz hatte. Gifford Pinchot, einer von den Männern, die Curtis ein halbes Dutzend Jahre zuvor auf dem Mount Rainier aus Bergnot gerettet hatte, lud ihn zum Essen in sein Haus ein und sagte von seinen Bildern, eine solche Sammlung habe er auf der ganzen Welt noch nicht gesehen. Curtis wurde auch eingeladen, in der Nationalen Akademie der Wissenschaften zu sprechen, was für einen Mann, der nur die Volks-

Die drei Häuptlinge – Piegan. Drei stolze alte Führer ihres Volkes. Ein Bild von den alten Hochland-Prärien mit ihrem wogenden Gräsermeer und ihren klaren Flüssen: Der Blick in ein Leben und in eine Landschaft, die beide nahe am Rande ihres Untergangs angelangt sind.

schule besucht hatte, keine geringe Ehre war. Während seines Aufenthaltes in Washington begegnete Curtis ganz zufällig einem anderen alten Freund – Francis Leupp, dem Kommissar für Indianer-Angelegenheiten. Der bat ihn, eine Gruppe von Indianern zu photographieren, die an den Amtseinsetzungsfeierlichkeiten für Präsident Theodore Roosevelt teilnehmen sollten. Als Curties auf die Indianer zuging, um seine Kamera aufzubauen, trat einer von ihnen, der wegen des leichten Nieselregens in eine rote Decke gehüllt war, vor, öffnete seinen Umhang und schlang ihn um Curtis. Es war Geronimo, ein Apache, einst der Schrecken der Prärie. Er war einer von den fünf Häuptlingen, die man eingeladen hatte, bei der Einführungsparade mitzureiten. In New York kamen die Mitglieder des Clubs der ‹Vierhundert› in voller Stärke, um Curtis' Ausstellung im großen Ballsaal des Waldorf-Astoria-Hotels anzusehen. Unter ihnen befanden sich solche Berühmtheiten wie Mrs. Jay Gould, Mrs. Frederick W. Vanderbilt sowie Mrs. Douglas Robinson,

Die untergehende Rasse – Navajo. Die Vorstellung, die das Bild vermitteln soll, ist die, daß die Indianer als Rasse – bereits ihrer Stammesstärke beraubt und ihrer primitiven angestammten Kleidung entfremdet – in das Dunkel einer ungewissen Zukunft eintreten. Da Curtis fühlte, daß dieses Bild soviel von der Idee aussagte, die seinem ganzen Werk zugrunde lag, wählte er es für die ‹Portfolios›, die dem ‹The North American Indian› beigeschlossen wurden, als Bild Nr. 1.

eine Schwester des Präsidenten. Aber der Club überließ es Curtis, die Saalmiete in Höhe von 1300 Dollar zu begleichen. Glücklicherweise kauften diese Mäzene immerhin seine Photographien, so daß er dadurch wenigstens vor finanziellen Schwierigkeiten bewahrt blieb. Nach Beendigung dieser Ausstellung schickte Curtis seine Bilder auf die ‹Lewis and Clark›-Messe nach Portland, wo sie wiederum ein Schlager wurden. «Auf dieser Ausstellung wird das Alltagsleben eines jeden Volkes dieser weiten Welt vorgeführt», bemerkte der ‹Oregonian›, «aber was für die Amerikaner und ihre Geschichte in den nächsten tausend Jahren bedeutsamer ist als irgendetwas anderes, das sind die Photographien von Indianern, die in einer stillen Ecke des Dachgeschosses des Forstgebäudes zu sehen sind.»

Im Jahre 1905 kehrte Curtis zu Anfang des Sommers in den Westen zurück und besuchte die Sioux in Süd-Dakota. Mit dem Häuptling ‹Roter Falke›, den zwanzig seiner Gefolgsleute begleiteten, erforschte Curtis die Badlands etwa fünfzig Meilen nördlich von Wounded Knee. Bei dieser Gelegenheit konnte er eine seiner berühmtesten Aufnahmen machen, ‹Eine Oase in den Badlands›, die den ‹Roten Falken› zeigt, wie er sein Pferd in der Prärie zur Tränke führt. Gegen Ende dieses Besuches versprach Curtis den Sioux, er werde zu ihnen zurückkehren und ein großes Fest für seine Gastgeber veranstalten. Als Gegenleistung hatten sie ihrerseits zugesagt, sie würden unter dem Kommando von Häuptling ‹Roter Falke› für Curtis' Kamera ein Sioux-Lager nach altherge-

Oase in den Badlands. Dieses Bild wurde im Herzen der Badlands von Süd-Dakota aufgenommen. Es zeigt Unterhäuptling ‹Roter Falke›, der im Jahre 1854 geboren wurde und schon im Jahre 1864 zum ersten Mal an einem Kriegszug gegen reguläre Truppen teilnahm, der von ‹Crazy Horse› geführt wurde. Er leitete im Alter von zweiundzwanzig Jahren eine erfolglose kriegerische Unternehmung gegen die Shoshone. Insgesamt nahm er an zwanzig Schlachten teil, mehrfach gegen reguläre Truppen, so auch an dem Custer-Gefecht von 1876.

brachter Art aufbauen und einige ihrer alten Sitten und Gebräuche vorführen, ohne dabei irgendwelche modernen Kleidungsstücke oder anderen vom weißen Mann eingeschleppten Tand zu tragen.

In eben diesem Sommer 1905 half Curtis am 20. Juni auch, in Nespelem, Washington, seinen alten Freund, Häuptling Joseph, auszugraben, den großen Nez Percé-Führer, mit dem er lange zusammen gewesen war, als er das Material für den achten Band sammelte. Joseph war im September des vorangegangenen Jahres an einer Herzkrankheit gestorben und provisorisch beigesetzt worden. Die Staatliche Historische Gesellschaftt hatte in der Zwischenzeit Vorbereitungen für ein endgültiges, würdiges Grabdenkmal getroffen, vielleicht, um im Rahmen des Möglichen an dem Toten das Unrecht wiedergutzumachen, das ihm zu Lebzeiten vom weißen Mann zugefügt worden war. Aus Marmor war Jospehs Gestalt gemeißelt, und als Inschrift trug das Monument seine beiden Namen, neben dem englischen auch den indianischen: ‹Hin-mah–too-yah-lat-kekt›, das bedeutet ‹In den Bergen rollender Donner›. Vor den Beerdigungsfeierlichkeiten, die von Edmond S. Meany geleitet wurden – einem Professor für Geschichte an der Universität Washington, den Joseph ‹Drei Messer› genannt hatte –, waren noch gewisse Vorarbeiten notwendig. Curtis, der offenbar schon bei der ersten Bestattung zugegen gewesen war, schilderte diese Vorbereitungen 45 Jahre später in einem Brief an Miss Leitch folgendermaßen: «Vor langer Zeit half ich, den Häuptling zweimal zu beerdigen. Ehe wir ihn das zweite Mal begruben, mußten wir ihn zuerst wieder ausgraben. Ich leistete beim Graben die Hauptarbeit. Es war ein sehr heißer Tag, und die edlen roten Männer sagten: ‹Laßt die weißen Männer graben, die wissen besser, wie man das macht›.»

Als der Winter sich über die weiten Ebenen senkte, kehrte Curtis nach New York zurück. Wiederum erntete er viel Anerkennung und Lob für seine Arbeit, aber zugleich wurde ihm jetzt deutlich, daß er sein Projekt würde aufgeben müssen, wenn es ihm nicht gelänge, eine finanzielle

Häuptling Joseph – Nez Percé. Der Name des Häuptlings Joseph ist bekannter als der irgendeines anderen Indianers aus dem Nordwesten. Allgemein glaubt man, daß er das Verdienst für sich in Anspruch nehmen dürfe, im Verlauf des Kampfes der Nez Percés im Jahre 1877 eine bedeutsame strategische Bewegung von Idaho nach dem nördlichen Montana angeführt zu haben.

Geronimo – Apache. Dieses Porträt des alten Apachen, der eine historische Persönlichkeit geworden war, entstand im März 1905. Nach Geronimos Schätzung war er zu dieser Zeit 76 Jahre alt, so daß er im Jahr 1829 geboren sein müßte. Das Bild entstand in Carlisle in Pennsylvania am Tage vor der Amtseinsetzung Präsident Roosevelts; Geronimo gehörte zu den Kriegern, die an der Einführungsparade in Washington teilnahmen. Er war sich der Ehre, einer der für diese Gelegenheit Auserwählten zu sein, wohl bewußt, und der Augenblick, in dem die Kamera das Gesicht des alten Kriegers in seiner nachdenklichen Stimmung einfing, war recht glücklich.

Unterstützung dafür zu erhalten. Er schrieb darum an Präsident Roosevelt und bat ihn um ein befürwortendes Gutachten, mittels dessen er versuchen wollte, das nötige Geld aufzutreiben. Theodore Roosevelt antwortete mit einem Empfehlungsschreiben «To whom it may concern» und stellte Curtis anheim, dieses Schreiben jedermann vorzuzeigen, der an der Sache interessiert sei.

Curtis brachte wahrscheinlich mit Hilfe dieser Empfehlung Roosevelts eine Begegnung mit J. Pierpont Morgan zustande. Zur vereinbarten Stunde saß er ein bißchen nervös dem Krösus der Wallstreet gegenüber. Morgan soll den Ausführungen von Curtis zunächst mit undurchdringlicher Miene zugehört und ihm dann abrupt das Wort abgeschnitten haben mit dem Bescheid: «Es gibt zu viele, die von mir finanzielle Unterstützung verlangen. Ich sehe dazu keine Möglichkeit.» Curtis öffnete daraufhin seine Mappe und ließ ein paar Bilder über den Schreibtisch gleiten. Morgan studierte jedes einzelne sorgfältig und sagte schließlich: «Mr. Curtis, ich möchte, daß diese Photographien in Buchform zu haben sind – und zwar muß das die schönste Buchreihe werden, die jemals erschienen ist.» Dann kam die Sprache auf den Text, der den Bildern beigegeben werden sollte. Curtis hatte für diesen Textteil, der von den Bräuchen und Zeremonien, dem Glauben und den Mythen, der Religion und dem Alltagsleben der Indianer handeln sollte, eine Gliederung von fünfundzwanzig Hauptpunkten ausgearbeitet. Das Problem, wer diesen Text schreiben sollte, löste Morgan ohne Zögern: «Sie sind derjenige, der den Text schreiben muß. Sie kennen die Indianer und Sie wissen, wie sie leben und was sie denken.»

Es wurde geplant, zwanzig Bände mit Text und Bildern in einer begrenzten Auflagenhöhe von 500 Exemplaren herauszubringen; jedem Band sollte eine Mappe mit achtzig Reproduktionen beigegeben werden, und die ganze Auflage sollte auf dem Wege der Subskription verkauft werden. Man suchte zwei Papiersorten aus, beide handgeschöpft und beide vom Kostbarsten, was überhaupt zu haben war: importiertes japanisches Kalbspergament (Velin) und holländisches Van Gelder-Bütten, ein Spezialpapier für Radierungen. Die Bilder sollten mit der Hand von Kupferplatten gedruckt werden, und zwar in der Werkstatt John Andrew and Son in Boston. Die Universitätsdruckerei in Cambridge wurde als Drucker für den Textteil ausgewählt. Der Preis der Velin-Ausgabe wurde auf 3000 Dollar, der für die Van Gelder-Ausgabe auf 3850 Dollar festgesetzt. Nach Morgans Kalkulation mußte der Erlös die Herstellungskosten übersteigen, und er war damit einverstanden, daß Curtis 75000 Dollar in jährlichen Raten von je 15000 Dollar für die Deckung seiner laufenden Ausgaben erhielte. Dafür sollte Morgan fünfundzwanzig Freiexemplare der 3000-Dollar-Ausgabe einschließlich der dazugehörigen Photogravurmappen erhalten. Außerdem wurde vereinbart, daß Curtis sich neben seiner Forschungsarbeit der Werbung und dem Vertrieb des Werkes widmen sollte.

Bei dieser Gelegenheit wurde auch beschlossen, die Lieder und die Sprache der Indianer auf Edison-Zylinder aufzunehmen. Diese Aufgabe allein nahm beängstigende Ausmaße an. «In den Küstenstaaten Kalifornien und Oregon zeichneten wir mehr ursprüngliche Sprachen auf, als es sonst auf dem ganzen übrigen Erdball gibt», schrieb Curtis, «und in mehreren Fällen konnten wir so den Wortschatz des letzten lebenden Vertreters einer Ursprache erfassen und aufnehmen. Ohne Übertreibung kann man sagen, daß niemals zuvor ein vergleichbares Protokoll der Sprachen eines untergehenden Volkes aufgezeichnet worden ist.»

Mrs. Nicholas Longworth (Alice Roosevelt), Februar 1906.

Nach dem erfolgreichen Besuch bei Morgan begab Curtis sich in den Osten, um die Hochzeitsbilder von Alice Roosevelt und Nicholas Longworth zu machen. Die Heirat der beiden fand am 17. Februar 1906 statt; sie war bis in die Schlagzeilen hinein *das* gesellschaftliche Ereignis jener Tage. Danach traf Curtis seine Vorbereitungen, um zu den Indianern zurückzukehren. «Bitte schreiben Sie mir in den nächsten Wochen nach Seattle, worauf ich im Lande der White Mountain Apache im einzelnen zu achten habe», schrieb Curtis an Frederick Webb Hodge, der dazu ausersehen war, sein Werk gegen ein Honorar von sieben Dollar pro 1000 Worte zu redigieren.*) «Ferner bitte ich, mir eine Landkarte dieses Gebietes zu senden, falls Sie in Washington eine erhalten können, die ein bißchen ins Detail geht. Wir brauchen eine Karte, auf der ich die primitiven Siedlungen der verschiedenen Gruppen lokalisieren kann.» Am 10. April bat Curtis Hodge um einen letzten Gefallen, bevor er in den Westen aufbrach. «Zufällig bin ich darauf gekommen, ich könnte im Sommer vielleicht hin und wieder auf irgendwelche interessanten Ruinen stoßen, bei denen es sich lohnen würde, ein bißchen auszugraben. Ich habe das Land der Apache im Sinn. Falls das irgendwie einzurichten wäre, lassen Sie es mich bitte wissen.»

Als er nach Seattle kam, fand er, daß ihm doch noch etwas fehlte. «Ich muß Sie noch einmal inkommodieren», entschuldigt er sich gegenüber Hodge am 25. April 1906, «und Sie bitten, mir ein Exemplar Ihrer Abhandlung über die frühen Navajo und Apache zu senden, wenn Sie noch eines besitzen. – Ich bin etwas aus dem Tritt geraten durch das Unglück in Kalifornien und ich muß, da ein Teil meiner Ausrüstung dort verloren gegangen ist und ersetzt werden muß, mit einer kleinen Verzögerung rechnen.» Mit dem ‹Unglück in Kalifornien› ist selbstverständlich das große Erdbeben von San Francisco gemeint, das sich am 18. April ereignet hatte, eine Woche bevor Curtis seinen Brief absandte. Es ist typisch für ihn, daß er dieses Thema nur soweit erwähnt, wie es ihn selbst betrifft, im übrigen aber Hodge genauere Auskunft schuldig bleibt. – «Er war einer der genialsten und sympathischsten Menschen», bemerkt einmal A.F. Muhr, «aber er verschwendete nur wenig Worte über seine Abenteuer und Unglücksfälle, es sei denn, die Umstände zwangen ihn zu einem Kommentar, wie zum Beispiel an jenem Tag, als er von der Arbeit heimkam mit einer Kamera, die mit einem Bindfaden zusammengehalten wurde und auseinander fiel, als man die Umschnürung löste.» Das bedurfte denn doch einer Erklärung: Sein Maulesel war von einer Felsklippe abgestürzt – und die Kamera mit ihm.

Anfang Juni schrieb Curtis von Holbrook in Arizona: «Wir sind hier im Lande der Apache und schaffen unsere Arbeit so schnell wie möglich. Ich bin ganz sicher – vielleicht ein bißchen zu sicher – daß wir eine Menge hervorragendes Material über die Apache zusammenbekommen werden. Auf jeden Fall werden unsere Anstrengungen sehr erfolgreich sein. Übrigens würde ich gern erfahren, ob Ihr Lexikon bzw. Ihre Enzyklopädie schon so weit fortgeschritten ist, daß ich irgendwelche Teile davon haben könnte?» Diese Frage bezog sich auf das 2000 Seiten starke, zweibändige ‹Handbook of the American Indian›, das Hodge herausgab. «Im Augenblick fällt mir nichts weiter ein, worum ich Sie bitten könnte, aber mit Sicherheit werden wir, wenn ich die Apache-Reservation verlasse, hinsichtlich des Innenlebens dieses Stammes sehr viele Fragen beantwortet haben (...).»

Einige der Fragen, auf die es eine Antwort gab, hatten mit dem religiösen Leben der Apache zu tun. Die Apache verbargen diesen Aspekt ihres Lebensbereiches so vollkommen vor fremden Augen, und andererseits hielt man sie für eine so wilde und grausame Rasse, daß viele glaubten, sie hätten überhaupt keine Religion. So schrieb Curtis: «Der Apache ist in der Unterhaltungsliteratur als ein so unmenschlicher Charakter geschildert worden, daß es einem nach dieser Lektüre schwerfallen muß sich vorzustellen, daß diese Menschen in der Tat außerordentlich religiös sind. Um ihre Version der Schöpfungsgeschichte zu erfahren, würde ich, das merkte ich bald, mit der größten

* Näheres darüber, wie es zu der Wahl Hodges zum Redakteur kam, ist nicht verzeichnet.

Der Späher – Apache. – Der primitive Apache in seiner Bergheimat.

Geschicklichkeit und Geduld vorgehen müssen.» So oft Curtis dieses Thema mit den Apache anschnitt, stellte er sich möglichst gleichgültig. «Ich stellte keine Fragen und bezeugte kein spezielles Interesse, wenn Dinge zur Sprache kamen, die keineswegs nur nebensächliche Bedeutung hatten.» Aber da er seine Augen offen hielt, wenn er die Indianer in ihrem Alltagsleben beobachtete, konnte er erkennen, daß sie tief religiös waren. «Die Männer standen in der Morgendämmerung auf und badeten in Teichen oder Flüssen, um ihre Körper für die Götter sauber zu halten. Jeder Mann begrüßte die aufgehende Sonne allein und gesondert von den anderen in inbrünstigem Gebet. Geheime Heiligtümer wurden aufgesucht und angebetet. Ich wußte aber wohl, daß ich alles verderben würde, wenn ich auch nur eine Frage stellte oder sie merken ließe, wie gern ich etwas mehr über ihre Andachtsübungen erfahren hätte.»

Curtis spielte seine Interesselosigkeit so überzeugend, daß die Apache ihn einluden, mit ihnen in die Berge zu gehen, um dort Mescal zu ernten, eine Kaktusart, die zu ihren wichtigsten Nahrungsmitteln zählte. «Nach der Ankunft am Ziel erlaubten mir die Indianer mit der ihnen eigenen Höflichkeit, als erster einen Platz für mein Lager auszusuchen, und ich wählte dafür eine Stelle am Flußufer im Schatten eines Walnußbaumes. An jenem Abend saßen wir um das Lagerfeuer herum und erzählten uns Geschichten. Ich erzählte von der Art und Weise, wie andere Indianer lebten. Während sie über die Mescal-Ernte sprachen, war ich bemüht, etwas über die Geschichte der Ursprünge dieser Prozedur in der Version der Apache-Tradition zu erfahren, aber hierzu lehnten

Der Sturm – Apache. Eine Szene in den hohen Bergen des Apachelandes kurz vor dem Ausbruch eines Gewittersturmes.

sie jegliche Aussage strikt ab. Einige Tage später, als der Mescal geerntet war, verfolgte Curtis, am Kochloch sitzend, aus allernächster Nähe das Ritual, von dem das Feueranmachen in dem primitiven Herd begleitet war. «Ich hörte, wie sie in ihren Gebeten die Namen der göttlichen Wesen ständig wiederholten, bis auch ich die Namen der Götter des Ostens, des Westens, des Nordens und des Südens, der Erde und des Himmels kannte, aber es fehlte mir der Schlüssel zu diesem großen Magazin einer primitiven Vorstellungswelt. Doch ich besaß wenigstens hervorragende Bilder von der ganzen Ernte und den dazugehörigen Zeremonien.»

Als seine Gastfreunde nach der Mescal-Ernte in das Apachedorf zurückgekehrt waren, tat Curtis weiterhin so, als diene sein Aufenthalt dort keiner besonderen Absicht, doch hielt er ohne Unterlaß Augen und Ohren offen. Die Apache hinwiederum beachteten ihn kaum und gingen ihren Geschäften nach, wie sie es gewohnt waren. «Medizinmänner verrichteten weiter ihre heimlichen Gebete, Ehemänner trafen sich mit Witwen, und Mütter kamen zu mir, um die Reize ihrer Töchter zu rühmen, und konnten es gar nicht verstehen, warum ich alleine lebte.»

Im Sommer darauf erzählte Curtis in Washington – er war gerade dabei, seine Rückkehr zu den Apache vorzubereiten, wo er die Arbeit an dem Punkt, an dem er sie unterbrochen hatte, wieder aufnehmen wollte – einem befreundeten Ethnologen von seinen Bemühungen, die Geheimnisse der Apache-Religion zu enthüllen. Sein Gegenüber belehrte ihn etwas von oben herab: «Wissen Sie denn nicht, daß Sie etwas suchen, was es gar nicht gibt? Die Apache haben keine Religion!» Und als

Curtis ihn fragte, woher er das wisse, erhielt er zur Antwort: «Ich habe ziemlich lange Zeit bei den Apache verbracht, und sie haben mir erzählt, sie besäßen keine Religion.»

Als Curtis im Frühjahr 1906 wieder bei den Apache ankam, wurde ihm ein herzlicher Empfang zuteil. Als er ihnen nun aber erzählte, was er wirklich wollte – dachte er doch, er kenne sie jetzt endlich gut genug, um sein eigentliches Thema zur Sprache bringen zu dürfen –, änderte sich die Atmosphäre schlagartig. «Alte Freunde sahen weg, wenn sie mir begegneten, und einer meiner früheren Dolmetscher weigerte sich, noch irgend etwas mit mir zu tun zu haben, weil er, wie er erklärte, nicht seinen plötzlichen Tod suche.» Auch der Versuch einer vorsichtigen Bestechung brachte nichts ein. «Am Ende von sechs Wochen geduldiger Arbeit bestand unser ganzer Erfolg darin, daß wir eine Mauer der Verschlossenheit zwischen uns und den Stammesangehörigen aufgebaut hatten. Jeder Stammesangehörige wußte, daß niemand mit uns sprechen durfte, und eine Abordnung der Häuptlinge suchte sogar den amtlichen Indianer-Agenten auf und forderte meine Entfernung aus der Reservation.» Aber Curtis gab nicht auf: «Ganz heimlich machte ich mich an einige Medizinmänner heran, um von ihnen wenigstens einen Fingerzeig zur Lösung meines Problems zu bekommen. Ein paar erklärende Worte hätten als Hebelkraft dienen können, um mehr zu erfahren. Es gelang mir auch, mit einigen der wichtigsten Medizinmänner zu sprechen, aber sobald die Rede auf das Thema Religion kam, wurden sie so schweigsam wie die Sphinx.» Dann erfuhr Curtis, daß unter den Medizinmännern gewisse Differenzen bestanden, und das ließ ihn hoffen, er könnte vielleicht aus dieser Situation etwas für seine Zwecke profitieren. Einer der Medizinmänner, ein sehr ehrgeiziger Mann namens Das-lan, wollte einen neuen Kult einführen, der ihm angeblich von den Göttern offenbart worden war. «Dieser tüchtige Medizinmann hoffte, auf diese Weise den derzeitigen Hohen Priester, einen gewissen Gosh-o-ne, von seinem Posten zu vertreiben und sich selbst an dessen Stelle zu setzen.» Obwohl Gosh-o-ne Curtis mehrfach abwies, schien er ihm gegenüber keineswegs unfreundlich gesonnen zu sein. Der Dolmetscher vertraute darauf, daß der alte Mann sich über den Emporkömmling Das-lan sehr ärgerte und sich deshalb schließlich zum Reden würde bewegen lassen. Der Sommer näherte sich seinem Ende, und das bedeutete für Curtis: jetzt oder nie. Er zog hinaus, um einen letzten Versuch zu wagen, und erreichte das Lager des Patriarchen in der Morgendämmerung.

«Von einem Versteck aus beobachteten wir, wie der alte Priester herauskam, um sein Morgengebet an die Sonne zu verrichten. Als er geendet hatte, traten wir näher und drangen noch einmal in ihn, er möge uns doch erzählen, wie die Welt begann. Ohne Protest, aber auch ohne Kommentar, sagte er darauf: ‹Ich denke, ich werde Euch die Geschichte erzählen.› Dann führte er uns an einen abgeschirmten Platz im Gebüsch am Bachufer. Zuerst richtete er ein kurzes Gebet an die Sonne. Dann begann er ohne Einleitung, die Geschichte der Götter zu erzählen und von der Schöpfung der Erde und ihrer Menschen.» Es wurde Mittag, ehe Gosh-o-ne seinen Bericht beendet hatte, mit dem er den Ohren seiner Besucher etwas anvertraute, was Bleichgesichter bis dahin nie gehört hatten. So erfuhren wir etwas von dem Schöpfungsmythos der Apache. An dichterischer Einbildungskraft übertrifft er, glaube ich, alle anderen Schöpfungslegenden, die wir von den Indianern gesammelt haben.»

Curtis war noch weiter vom Glück begünstigt, er nannte es sogar ein ‹Wunder›. Er gelangte in den Besitz der Gebetskarte eines Medizinmannes, und gleichzeitig erhielt er eine vollständige Erklärung ihrer ganzen Symbolik. «Solch eine Karte ohne entsprechende Erklärung würde nur ein interessantes primitives Kunstwerk darstellen, so aber war sie ein unbezahlbares Dokument, indem man die Bedeutung eines jeden Charakters, der durch eine Figur oder ein Symbol dargestellt war, verstehen konnte. Für uns war dabei besonders interessant, daß die Beschreibung der Karte Punkt für Punkt die Informationen bestätigte, die wir Gosh-o-ne verdankten.» Gebetskarten, von den Apache ‹Medizin-Karten› genannt, wurden von den Medizinmännern auf Tierhäute gemalt. Jeder fertigte sich seine eigene Karte an, wobei er vermutlich den ihm ganz persönlich von den Göttern

Heiliges Hirschfell – Apache. Diese Medizin-Haut gehörte Hashke Nilnte und galt als eines der zauberkräftigsten Stücke von allen, die Medizinmänner besaßen. Zu Lebzeiten Hashke Nilntes wäre es für einen weißen Mann unmöglich gewesen, auch nur einen Blick auf diese wundervolle ‹Medizin› zu werfen. Als Hashke Nilnte aber ein hohes Alter erreicht hatte, wurde er ermordet, vermutlich von seiner Frau, von der dieser wertvolle und heilige Gegenstand erworben wurde.

eingegebenen Anweisungen folgte. «Die Karte, die ich erhielt, galt als die bedeutendste und zauberkräftigste, die es überhaupt gab, und kein weißer Mann hatte sie jemals zu Gesicht bekommen.» Auch sollte kein weißer Mann – überhaupt kein Mensch – jemals erfahren, wie Curtis in den Besitz der Karte gelangt war. «Ihr Erwerb und ihr Preis sind keine mythologischen Themen und brauchen deshalb in diesem Zusammenhang nicht behandelt zu werden», schrieb er so geheimnisvoll, daß es scheint, die Geheimnistuerei der Apache um ihn herum habe auf ihn selbst abgefärbt.

Im frühen Sommer, als er in der Tat auf sehr viele Fragen, die es hinsichtlich der Apache zu klären galt, Antwort erhalten hatte, reiste Curtis weiter zu den Navajo. «Ich glaube sagen zu können, daß die Arbeit bei den Apache höchst erfolgreich gewesen ist – mehr, als ich je zu hoffen gewagt hatte», schrieb er am 9. Juli an Hodge. «Wenn Sie Interesse daran haben, kann ich Ihnen einen Beitrag über die Apache für den ‹Anthropologist› [den Hodge herausgab] zur Verfügung stellen, indem ich entweder ein spezielles Thema behandle, oder aber allgemein über Legenden, Mythologie und Religion dieses Volkes schreibe. Ich kann eines vorausschicken, daß es nämlich keine Spuren von einer Wanderungsgeschichte bei ihnen gibt. Alle ihre Legenden gehen davon aus, daß sie immer dort gewesen sind, wo sie jetzt sind. Ich persönlich halte sie für jünger als den Stamm der Navajo. Es muß wohl eine Zeit gegeben haben, in der die zwei noch vereint waren – nicht, daß ich in ihren Sagen einen Grund für diese Annahme fände, aber aus den Riten der beiden Stämme ist zu schließen, daß die Apache ein jüngerer Stamm sind. (...) Ich habe jüngst etwas entworfen, was ich eine allgemeine Einführung zu der ganzen Reihe der Bände nennen möchte», fuhr er, von dem Fortschritt seiner Arbeit berichtend, fort. «Ich werde mir in den nächsten Tagen die Zeit nehmen, alles noch einmal durchzusehen und dabei noch dieses oder jenes nachzutragen. Dann will ich es Ihnen unterbreiten. Ich bin gespannt, was Sie davon halten (...).»

Curtis' Aufenthalt bei den Navajo verlief erheblich abenteuerlicher, als er das in seinen Berichten zu erkennen gibt. Seine Frau und seine Kinder Harold, Beth und Florence (elf, neun und sieben Jahre alt) hatten sich zu Beginn der Sommerferien in Seattle mit ihm getroffen. Curtis holte sie mit seinem vierspännigen Planwagen am Bahnhof in Gallup, New Mexico, ab. Die Familie machte in St. Michael, Arizona, Halt, um sich in Day's Handels-Station mit Proviant zu versorgen, und kampierte dort die erste Nacht. Als sie sich am nächsten Tage gerade zum Aufbruch rüsteten, brach ein Unwetter über sie herein, und während die anderen sich auf höher gelegenes Terrain flüchteten, stand Curtis plötzlich bis zu den Hüften im Wasser und bemühte sich, seine Ausrüstung zu bergen. Glücklicherweise hatte er das meiste – Kamera, Platten und andere empfindliche Gegenstände – in versiegelte Behälter verpackt. Im Cañon de Chelly, in dessen turmhohen Sandsteinmauern noch

Curtis' Planwagen im Navajoland, aufgenommen im Jahr 1926. Von links: Charlie Day, der Sohn des Ladeninhabers, Edward Curtis, Florence Curtis, Beth Curtis und der Navajo-Dolmetscher.

Florence Curtis im Cañon de Chelly im Jahre 1906.

Abbildung auf Seite 35:
Deckenweberei – Navajo. Im Land der Navajo sind Deckenwebstühle überall zu sehen. In den Wintermonaten sind sie in den ‹Hogans› [achteckige Hütten mit Kuppeldach] aufgestellt, im Sommer hingegen stehen sie im Freien unter einem improvisierten Schutzdach oder – wie hier zu sehen – unter einem Baum. Die einfache Konstruktion des Webstuhles und die Schlichtheit seines Produkts sind auf dieser Aufnahme deutlich zu erkennen, die im frühen Morgenlicht unter einem großen Pappelbaum gemacht wurde.

lebte, was von den Navajo übrig geblieben war, als Kit Carson aufgehört hatte, mordend und sengend über diesen Stamm herzufallen, drohte Curtis und den Seinen dann ein tragisches Geschick. Für die Kinder war es, wie Florence sich erinnerte, eine sehr vergnügliche Zeit gewesen. Sie ritten auf einem Esel, sahen den Indianern beim Teppichweben zu und entdeckten in den Felsen Höhlenwohnungen früherer Ansiedler, wobei sie sich vorsehen mußten, die ‹Stätten der Ahnen› nicht zu entheiligen.

Eines Tages war der Cañon schlagartig ganz eigentümlich verlassen und still, und nur ein Geräusch war zu hören – der Gesang der Medizinmänner, der von den Felswänden unheimlich widerhallte. Es sollte ein Kind geboren werden, und die Mutter hatte bei der Entbindung Schwierigkeiten. Schuld daran waren, nach der Überzeugung der Medizinmänner, die Bleichgesichter, die in einem kleinen Pappelwäldchen ihr Lager aufgeschlagen hatten. Als schließlich der Gesang zu Ende war, kamen Curtis und Charlie Day, der Sohn des Kaufladenbesitzers, der unter Indianern aufgewachsen war und Curtis als Dolmetscher diente, unvermittelt ins Lager zurückgeritten. So schnell wie möglich wurde das Zelt abgebaut und auf den Wagen geworfen; die Pferde wurden vor den Wagen gespannt, die Kinder krabbelten an Bord, und mit Peitschenknallen rollten sie fluchtartig durch den tiefen Sand davon. Das Baby war geboren, und deshalb war es besser, sich davonzu-

machen, denn jetzt erhob sich die Frage, ob es am Leben bleiben würde. «Wenn es stirbt», warnte Charlie Day, «kann keine Macht auf Erden Sie und Ihre Familie retten.» Curtis hat die gesamte Familie nie wieder ins Land der Indianer mitgenommen.

Im Herbst 1906 war er mit seiner Arbeit schon ziemlich weit vorangekommen. «Ich habe mein Material für den ersten Band des Apache-Navajo-Teils nahezu beisammen, und die Leute vom Kupfertiefdruck haben gerade den ersten Satz Platten in Arbeit», schrieb er glücklich am 27. September aus Seattle an Hodge. Zwei Wochen später berichtete er: «Heute erhielt ich die Einführung, die Präsident Roosevelt für das Werk geschrieben hat, und sobald ich mit meinem Mitarbeiterstab im Südwesten zusammentreffe, schicke ich Ihnen bestimmte Materialien zur Durchsicht, nämlich die Einführung des Präsidenten, die Titelseite, meine Einführung zum Gesamtwerk und – wenn möglich – die ersten Teile von Band I. Mein Plan ist, dieses Material für einen Prospekt zu benützen, den ich hoffentlich zu Beginn des nächsten Jahres herausbringen kann; er wird natürlich dazu dienen, für die Subskription des Werkes zu werben. Dieser Teil des Problems erledigt sich so gut, wie ich es mir nur wünschen kann, und ich habe in der Tat das Gefühl, daß alles in bester Ordnung ist und schnell vorankommt. Darf ich noch eine Frage stellen? Ich habe über den Titel für das Buch nachgedacht und bin auf folgende Version gekommen: ‹Der Nordamerikanische Indianer [The North American Indian]›. Nur scheint mir, es müßte noch festgestellt werden, ob dieser Titel schon einmal gebraucht worden ist. Bitte sagen Sie mir, was Sie davon halten.» Hodge antwortete offenbar hierauf in dem Sinne, daß ihm die Idee mit der Einführung durch den Präsidenten der Vereinigten Staaten zusage, äußerte aber anscheinend nichts über Curtis' Titelvorschlag. Deshalb kann man aus Curtis' folgendem Brief vom 16. November eine gewisse Ungeduld heraushören: «Was den Buchtitel anbetrifft, so möchte ich mich definitiv für den früher vorgeschlagenen – ‹Der Nordamerikanische Indianer› – entscheiden. (...) Sollte Ihnen aber ein noch treffenderer Titel einfallen, wäre ich nur zu glücklich, davon Gebrauch zu machen.»

Nachdem Curtis fast zehn Monate ‹vor Ort› für die ersten beiden Bände gearbeitet hatte, begab er sich mit seinen drei Assistenten, Edmond Schwinke, W. E. Myers und William Phillips, einem Vetter von Mrs. Curtis, in ein Blockhaus an der Puget-Bucht in Klausur und verriet niemandem, nicht einmal seiner Familie, seinen Aufenthaltsort. Drei Monate hindurch arbeiteten sie Tag für Tag von acht Uhr in der Frühe bis ein Uhr nachts, um das Manuskript druckreif zu machen. Noch am gleichen Tag, an dem die Arbeit vollendet war – es war Anfang des Jahres 1907 – brach Phillips mit dem Manuskript nach Boston auf, um die Drucklegung einzuleiten.

Curtis selbst reiste bald danach wieder ostwärts und schrieb Hodge am 27. März aus dem New Yorker Hotel Belmont: «Ich sende Ihnen nun per Eilboten die ersten beiden Bände, das heißt, den eigentlichen Textteil. Sie finden die Erläuterungen über die Schreibweise nach Seite 8, und in Band I sehen Sie gegenüber Seite 39 die Reproduktion einer Apache-Medizin-Tierhaut. Meine Idee ist, daß auf der gegenüberliegenden Seite die verschiedenen Namen all der Gottheiten gedruckt werden, die auf der Medizin-Karte abgemalt sind, und zwar horizontal, so daß der Leser die Sache leichter studieren kann. Wir haben zwar bisher noch nicht über diesen Punkt gesprochen, aber ich finde, daß es das beste wäre, wenn Sie eine kurze Einführung schrieben, die in den ersten Band aufzunehmen wäre. da schon so viel Material dieser Art vorliegt, insbesondere das Vorwort des Präsidenten, ist es wahrscheinlich ratsam, daß Sie Ihren Beitrag auf den Umfang von einer Seite beschränken.» Curtis ließ Hodge keine Zeit zum Träumen. Eine Woche, nachdem er diesen Brief abgesandt hatte, schickte er ihm bereits das Manuskript, das mehrere hundert Seiten umfaßte, und fügte eine Frage hinzu, die mehr wie ein Befehl klang: «Wenn ich Anfang der kommenden Woche nach Washington komme, werden Sie sich dann mit dem Buch beschäftigt haben, so daß wir mit der Diskussion darüber beginnen können?»

Das Lager von Curtis im Walapai-Land. Soweit man weiß, haben die Walapai immer das von Pinien bewachsene Bergland bewohnt, das sich im nordwestlichen Arizona über rund hundert Meilen hinweg am südlichen Rande des Grand Canyon erstreckt.

Curtis, der nur die Grundschule besucht hatte und keine akademischen Grade vorweisen konnte, war durchaus nicht immer geneigt, die Dinge denen zu überlassen, die sich solcher Würden erfreuen konnten. Ein Brief vom 8. Juni 1907 beginnt: «Mein lieber Mr. Hodge,» – wobei er diesmal von seiner sonst gebrauchten familiäreren Anrede «Lieber Hodge» abwich – «nur ein Wort zu dem Material im Anhang der Bände I und II oder, genauer gesagt, zu der kurzen systematischen Zusammenfassung, wie sie in dem Manuskript enthalten ist, das Ihnen gegenwärtig vorliegt. Je mehr ich darüber nachdenke, um so entschlossener bin ich, diese zusammenfassende Übersicht durch das gesamte Werk beizubehalten. Für mich ist dieses Instrument von großem Wert, und tatsächlich gibt es in den verschiedenen Bänden nichts, auf das ich so oft zurückgreife, wie auf diese knappe Zusammenstellung der verschiedenen Gegenstände, und ich glaube, anderen Lesern, sowohl den gründlichen als auch den oberflächlichen, wird es ebenso ergehen. Ich hoffe sehr, daß Sie in diesem Punkt mit mir übereinstimmen. Ich bleibe hier in diesem Hotel noch ein paar Tage und breche dann nach dem Westen auf. Ich bin sehr befriedigt darüber, daß Sie mit der Arbeit gut vorankommen und daß wir schon in naher Frist anfangen können, den Setzern satzreifes Material zu geben. Es bleibt nun endgültig dabei, daß Phillips den ganzen Sommer hindurch hier bleibt, so daß keine Zeit bei der Zusammenstellung des Buches verlorengeht.»

In dieser Zeit erhielt Curtis einen Telefonanruf vom Präsidenten der Vereinigten Staaten, der ihn ins Weiße Haus zitierte. «Mein lieber Curtis, ein Professor der Columbia-Universität hat sich bei mir beschwert», so begann Theodore Roosevelt in der ihm eigenen direkten Art ohne alle Umschweife, «man hegt Zweifel am Wert Ihrer Arbeit, weil Sie keinen akademischen Grad besitzen, der Sie für ethnologische Forschungen qualifizierte. Darauf gibt es nur eine Antwort: Ich habe einen Ausschuß, bestehend aus drei Männern, ernannt, die ich für die allerersten Autoritäten in unserem Lande halte; sie sollen Ihre Arbeit durchsehen und ein Urteil darüber abgeben. Ich bin sicher, daß Sie wissen, wie ich persönlich über diesen Fall denke.» Der Präsident nannte die Namen der Leute, die er ausgewählt hatte, ein Triumvirat von Giganten der Wissenschaft: Henry Fairfield Osborn, Kurator der Abteilung für Wirbel-Paläontologie am amerikanischen Museum für Naturgeschichte in New York; William Henry Holmes, Leiter des Büros für amerikanische Ethnologie am Smithonian Institut in Washington und Charles Doolittle Walcott, Sekretär am gleichen Institut – alles Gelehrte, die auf ihren Fachgebieten imposante Leistungen aufweisen konnten. Der Mann, der Zweifel an Curtis' Sachverstand erhoben hatte, war Dr. Franz Boaz, Inhaber des Lehrstuhls für Anthropologie an der Columbia-Universität und bis zum Jahr zuvor Kurator der anthropologi-

Edward S. Curtis unterwegs. Ort und Datum unbekannt [Siehe auch die Abbildung auf Seite 40].

schen Abteilung des Museums für Naturgeschichte. Boaz war eine Autorität auf dem Gebiet der Indianerkunde und hatte ausführlich über gewisse Stämme geschrieben.

Curtis versah seine Richter mit Kisten voller Notizbücher und allem, was sonst über seine Arbeit draußen Aufschlüsse geben konnte, inklusive seiner Edison-Zylinder mit den Tonaufnahmen von indianischer Musik. Die Richterbank ließ Curtis nicht lange auf ihr Votum warten. In einem von Osborn abgefaßten Brief brachten die drei Gelehrten nicht nur ihre Zustimmung zu Curtis' Werk zum Ausdruck, sondern zollten ihm auch ihr höchstes Lob. Trotzdem hatte das Ganze an seinen Nerven gezehrt und er war vielleicht noch ein bißchen gereizt, als er am 26. Juni 1907 Hodge seinen letzten Brief aus dem Belmont-Hotel sandte, bevor er wieder in das Indianergebiet zurückkehrte. Curtis hatte das von Hodge durchgesehene Exemplar des Manuskripts redigiert und ließ keinen Zweifel daran aufkommen, wer das letzte Wort dabei zu sagen hätte: «Ich habe einige kleine Änderungen an der Einführung vorgenommen und füge sie Ihnen jetzt in der neuen Fassung bei. Die Änderungen sind in keiner Hinsicht schwerwiegend, und ich glaube kaum, daß irgendeine von mir angebrachte Änderung mit Ihren Vorstellungen unvereinbar wäre; in gar keinem Fall habe ich etwas an der Konzeption geändert. Ich hoffe, es wird in jeder Beziehung befriedigend für Sie sein; sollten Sie aber noch irgendwelche kleineren Abänderungen wünschen, dann korrigieren Sie diese bitte mit roter Tinte hinein und geben Sie sie an Phillips zurück. Meine Feld-Anschrift ist für ein paar Wochen Pine Ridge, Süd-Dakota. Wenn Ihnen irgendetwas Spezielles einfällt, was ich bei den Sioux oder bei der Arbeit in den nördlichen Plains verfolgen sollte, wäre ich für einen entsprechenden Hinweis dankbar. Mr. Myers hat bereits in Pine Ridge gearbeitet und geschrieben, daß alles aufs beste vorangeht.»

W. E. Myers, ein früherer Berichterstatter beim ‹Seattle Star›, war Curtis' rechte Hand. Er hatte auf dem College als Hauptfach englische Literatur studiert und war ein überdurchschnittlich talentierter Stenograph, Maschinenschreiber, Orthograph und Phonetiker. «Für die Indianer war seine Begabung in Phonetik eine Zauberei», schrieb Curtis. «Ein alter indianischer Gewährsmann gebrauchte einmal ein schwieriges, sieben Silben langes Wort, und Myers konnte es nachsprechen, ohne eine Sekunde zu stocken, was dem alten Indianer wie Magie vorkam – und mir erging es übrigens auch nicht anders. Wir konnten einen ganzen Abend indianische Tanzlieder hören, und wenn wir dann in unser Lager heimkehrten, vermochte Myers sie nachzusingen.» Curtis beschrieb sein Vorgehen bei der Arbeit folgendermaßen: «Wenn wir von den Indianern Informationen einholten, saßen meistens Myers an meiner linken und der Dolmetscher an meiner rechten Seite. Ich begann Fragen zu stellen, und Myers und der Dolmetscher stießen mich an, wenn ich irgendeinen wichtigen Punkt übersah. Was für Chancen hatte da der arme alte Indianer, der einem solchen Trio gegenüberstand?!»

Dadurch, daß wir alle Informationen in Kurzschrift aufnahmen, konnten wir das Arbeitstempo optimal steigern. Ich wage zu behaupten, daß unsere Dreier-Mannschaft in einem Jahr mehr geschafft hat, als ein einzelner Forscher, der mit normaler Schrift arbeitet und keine phonetische Routine hat, in fünf Jahren leisten könnte. (...) Auch kannten wir in unserer Arbeitsgemeinschaft keinen Achtstunden-Tag. Myers tippte, was er im Laufe des Tages in Kurzschrift aufgenommen hatte, in die Maschine, bevor er zu Bett ging. Dadurch waren unsere Aufzeichnungen immer auf dem laufenden. Unsere durchschnittliche Arbeitszeit in den sechs Monaten der Sommersaison betrug mindestens sechzehn Stunden pro Tag. Wenn Myers bei der Übertragung seiner Stenogramme irgendetwas wissen wollte, griff er in einen nach Maß gefertigten 60 mal 80 cm großen Metallkoffer, der Literatur über den Indianerstamm enthielt, bei dem sie gerade waren. Daß die von Franz Boaz aufgeworfene Frage so schnell erledigt werden konnte, war Myers Notizbüchern zu verdanken. Waren die Indianer schon über Myers Künste äußerst verblüfft, so staunten sie noch mehr, wenn das mechanische Gegenstück zu ihm, der Edison-Recorder, eine aufgenommene Musik wieder abspielte, wobei dann Melodie und Text eines Liedes aufgezeichnet wurden. «Die Sänger wie auch die anderen Stammesangehörigen erstarrten in scheuer Ehrfurcht, wenn sie hörten, wie ihre Lieder von der ‹Zauberbüchse›, wie sie sie nannten, wiedergegeben wurden», schrieb Curtis und fügte hinzu: «Es war außerordentlich schwierig, gewisse Lieder, die sie heilig nannten, von ihnen zu bekommen. Alle Lieder galten als höchstpersönliches Eigentum des Sängers, das er an seinen ältesten Sohn weiterzugeben hatte.»

Im Lager von Pine Ridge wurde Curtis von seiner Frau und seinem Sohn Harold erwartet, die die Sommerferien mit ihm zusammen verbringen wollten. Zusammen mit Myers und den übrigen Mitgliedern von Curtis' Team waren Mrs. Curtis und der Junge von der Bahnstation Fort Alliance in Nebraska im vierspännigen Planwagen, dem geländegängigen Reisegefährt jener Tage, angereist. Auf einen Ritt nach dem etwa zwanzig Meilen nordwestlich gelegenen Wounded Knee nahm Curtis den jungen Harold mit, für den er zu diesem Zweck ein Pferd besorgt hatte: «Im Gras wimmelte es von Klapperschlangen, so daß unsere Pferde dauernd scheuten», erinnerte sich Harold Jahre später. «Auf dem ganzen Weg sahen wir Rinder, die durch Schlangenbisse krank geworden waren und arg geschwollene Köpfe hatten.» Curtis reiste nach Wounded Knee, weil er zwei Jahre zuvor versprochen hatte, dorthin zurückzukehren und für den Häuptling ‹Roter Falke›, der seinerzeit mit ihm in die Bad Lands von Süd-Dakota geritten war, und für dessen Gefolge ein Fest zu geben. Am Ziel angelangt sah er, daß zwar Vorbereitungen für ihn getroffen worden waren, daß es aber gewisse Komplikationen gab. Dem ‹Roten Falken› war es nicht gelungen, die Zahl der Gäste zu beschränken, so daß zu diesem Fest nicht zwanzig Indianer, sondern deren dreihundert erschienen waren – darunter zwei Häuptlinge, die dem ‹Roten Falken› im Range vorgingen. Einer von ihnen mit Namen ‹Eiserne Krähe› hatte sein eigenes Konferenz-Tipi mitgebracht, das er von seinen Vorvätern geerbt hatte, und er lud Curtis für das große Treffen mit den Anführern in dieses Zelt. Es war ein schönes altes Tipi, von fünfundzwanzig hölzernen Stangen getragen. Eine dieser Stangen war drei Meter länger als die übrigen; an ihrer Spitze hing ein ‹Skalp› – in diesem Fall allerdings aus Roßhaar: die einzige Konzession an die moderne Zeit. Fünfzig weitere solcher ‹Skalps› waren an den Seiten des Zeltes angebracht. Alle Pflöcke waren aus poliertem Kirschholz gemacht und stellten Schlangen-Klappern dar.

Curtis saß auf dem Ehrenplatz an der Hinterwand des Tipi, dem Eingang gegenüber. Bei den anschließenden Zeremonien erklärte er in aller Form den Zweck seines Besuches und verlas Grußbotschaften von Präsident Roosevelt, dem großen weißen Vater in Washington, und von Indianer-Kommissar Leupp. ‹Roter Falke› sprach seinerseits Dankesworte und sagte, sie hätten schon lange auf diesen Besuch von ‹Pazola Washte› (das war ihr Name für Curtis; er bedeutet etwa ‹hübscher Gipfel›) gewartet und seien nun sehr glücklich, daß er sein Versprechen, ein Fest zu veranstalten, eingelöst habe. Alsdann ergriff ‹Eiserne Krähe› das Wort und unterbrach den Austausch der Höflichkeiten. Er winkte den Dolmetscher zu sich heran und ließ verkünden, es seien noch weitere dreihundert Indianer da, aber es gebe im ganzen nur zwei Ochsen; nach seiner Rechnung sei das nicht genug Fleisch; vier Ochsen würden schon eher ausreichen. Curtis reagierte gewandt und versicherte allen Anwesenden, es würden mehr Ochsen herangeschafft werden. Da gab es ‹Hows› und Händeschütteln, und alles war in bester Ordnung. Doch als am nächsten Morgen die erste Prozession gerade vor Curtis' Kamera vorbeiziehen sollte, gebot Häuptling ‹Langsamer Bulle› mit erhobener Hand Halt und begann eine längere Rede, deren Quintessenz dahin ging, daß auch er mehr Fleisch haben müsse. «Fein», antwortete Curtis, «Ihr sollt es bekommen». (Woher Curtis das ganze Fleisch nahm und wie dann schließlich das Fest verlief, ist nicht überliefert.) Dann beschlossen alle Indianer, sich auszuruhen und den Rest des Tages mit Rauchen zu verbringen. ‹Roter Falke› hatte die Kontrolle restlos verloren. Gelassen und ohne Anzeichen von Ungeduld klappte Curtis seine Kamera zusammen und ging fort. Über Nacht hatten sich die Indianer eines besseren besonnen, und am nächsten Morgen kamen die Häuptlinge ‹Roter Falke› und ‹Langsamer Bulle› an

Abbildung auf Seite 41:
Langsamer Bulle – Oglala Sioux. Er wurde im Jahre 1844 geboren, nahm mit vierzehn Jahren unter ‹Rote Wolke› an seinem ersten Feldzug gegen die Apsaroke teil und war insgesamt bei 55 Gefechten dabei. Im Alter von siebzehn Jahren eroberte er 117 Pferde von den Apsaroke. Im gleichen Jahr träumte ihm, als er auf dem Gipfel eines Hügels schlief, er empfange Medizin von Buffalo.

der Spitze einer Schar von Kriegern in Curtis' Lager geritten und sagten, sie wollten nun ihrem Freund, dem Bleichgesicht, helfen. Sie führten ihre alten Riten vor, spielten die alten Kampfspiele und erzählten ihre alten Sagen; Curtis hielt alles fest.

Irgendwann in diesem Sommer besuchte Curtis auch das Schlachfeld von Little Big Horn, das über fünfhundert Kilometer nordwestlich von Pine Ridge in Montana liegt; es steht allerdings nicht genau fest, wann und wie er dorthin kam. Für sein Werk ‹The North American Indian› wollte er die Informationen über das, was hier geschehen war, so weit wie möglich aus erster Hand erhalten, und zu diesem Zweck ritt er tagelang kreuz und quer über den Schauplatz, auf dem im Jahre 1876 die Sioux den General George Armstrong Custer und seine gesamte Einheit von 264 Mann aufgerieben hatten. In Curtis' Begleitung befanden sich die drei Crow-Späher, ‹Weißer-Mann-ist-hinter-ihm-her›, ‹Vorwärts-Marsch› und ‹Fell-Mokassin›, die seinerzeit für Custer als Späher gearbeitet hatten. Er inspizierte das Schlachtfeld auch zusammen mit ‹Zwei-Mond› und einer Schar von Cheyenne-Kriegern, die ihm die damaligen Ereignisse aus ihrer Sicht schilderten. Auch ‹Roter Falke› ritt mit und erinnerte sich der Einzelheiten der Schlacht bemerkenswert genau. Um die letzten Lücken seiner Untersuchung über das Geschehen von Little Big Horn zu schließen, ritt Curtis noch ein weiteres Mal über das Schlachtfeld – diesmal mit General Charles A. Woodruff und den drei Crow, denn er wollte gerne, daß ein erfahrener Soldat das Zeugnis der Indianer höre. Endlich sprach er auch noch mit ein paar Arikara-Spähern, die ebenfalls bei Custer gewesen waren, und erhielt von ihnen noch zusätzliche wertvolle Auskünfte.

Als Curtis noch eine Weile in Pine Ridge blieb, begannen die Indianer in sein Lager hereinzuschauen, um sich mit ihm zu unterhalten. Die älteren Männer saßen besonders gern im Schatten seines Zelts, wenn sie ihre Geschichten erzählten und ausführliche Informationen über ihren Stamm gaben, auf die Curtis aus war. Die Art und Weise, wie Curtis mit den Indianern umging, machte auf Professor Meany von der Universität Washington, der Curtis auf diesem Besuch bei den Sioux begleitete, tiefen Eindruck. Meany, der die Indianer jahrelang in ihrer Heimat studiert hatte, schrieb in ‹World's Work› im März 1908: «Ich habe Ethnologen getroffen und Archäologen, Linguisten, Historiker und auch Künstler, aber keiner von all diesen hatte einen so guten Kontakt zu den Indianern wie [Curtis]; es hatte fast den Anschein, als sei er einer der ihren. (...) Wenn er mit ein paar Alten zusammenhockt und mit ihnen über religiöse Fragen diskutiert, während die Tabakspfeife im Kreis herumgeht, dann sagen sie: ‹Er ist genau wie wir, er weiß alles über das große Geheimnis.›»

Custers Crow-Späher: ‹Weißer-Mann-ist-hinter-ihm-her›, ‹Fell-Mokassin› und ‹Vorwärts-Marsch›. Curtis schrieb: «Als ich die Schlachtfelder von Little Bighorn selbst in Augenschein nahm, ließ ich mich von den drei Crow-Spähern begleiten, die zusammen mit anderen Spähern die Truppe von General Custer vom Yellowstone den Rosebudfluß hinauf und über diesen hinweg zum Little Bighorn geführt hatten. Diese drei Männer blieben bei Custer, bis er in seinen letzten kurzen Kampf verwickelt wurde.»

Sioux Camp. Es war Brauch, daß eine in den Krieg ziehende Kämpferschar im Kreise um das Tipi ihres Häuptlings herumritt, bevor sie ihren Angriff gegen das feindliche Gebiet begann.

Rückkehr der Späher – Cheyenne. Äußerlich gleichen die Cheyenne den Sioux und den anderen Indianern der Plains, doch zeichnet sie eine angeborene Freiheit des Geistes und eine überlegene Haltung aus, die für die Cheyenne charakteristisch ist – ein Zeugnis ihrer besonderen Mentalität.

Wenn Curtis im Sioux-Gebiet herumreiste, sorgten übermütige Indianer oft für Abwechslung, indem sie auf seinen Troß Schauangriffe veranstalteten, mit denen sie ihren Freund zu unterhalten gedachten. Sie machten das wie zu jener Zeit, als solche Angriffe noch blutiger Ernst waren: Zuerst erschien auf einem fernen Hügel eine kleine Gestalt – ein indianischer Späher. Dann, wenn der Wagen näher kam, stürzte sich, wie aus dem Erdboden gestampft, eine Schar von Indianern in wildem Galopp vom Hügel herab und erfüllte die Luft mit gellenden Schreien – Schreien, wie sie einst für manchen zu Tode erschrockenen Siedler die letzten Laute waren, die er auf dieser Welt noch vernahm. Sobald die ‹Angreifer› in Schußweite kamen, ließen sie sich auf die den Angegriffenen abgewandte Seite ihres Pferdes gleiten und begannen, aus ihren Gewehren Platzpatronen zu feuern, wobei sie zur Abwechslung manchmal auch unter dem Bauch des Pferdes oder zwischen seinen Vorderbeinen hindurchschossen. Immer wieder galoppierten sie im Kreis herum, schossen und schrien, als hätte dies ganze Remmidemmi einen wirklichen Feind zum Ziel. Unglücklicherweise hörten sie mit ihrer Vorstellung meist erst dann auf, wenn Curtis' Pferde scheuten und durchgingen...

Als der Sommer weiter ins Land ging, begann Curtis' Sohn Harold unter den ungewohnten Strapazen des Lagerlebens zu leiden. Er fühlte sich krank, sagte aber zunächst nichts. Erst als er nicht mehr länger im Sattel sitzen konnte, wurde er zu Bett gebracht. Seine Mutter, die sich damit auskannte, da sie Curtis schon einmal bei einer ähnlichen Erkrankung gepflegt hatte, sagte, es handle sich um ein typhusartiges Fieber. Harolds Krankenbett bestand aus einer Gummimatratze, die man unter einen Pappelbaum gelegt hatte. In Augenblicken hellen Bewußtseins nahm er wahr, daß seine Mutter ihm Suppe aus Präriehuhn oder Katzenfisch gab. Von Zeit zu Zeit schickte sein Vater einen Indianer mit einem Einspänner zur nächsten, nahezu vierzig Kilometer entfernten Bedarfshaltestelle der Eisenbahn mit einem Rezept, das der Schaffner nach Chicago mitnehmen sollte. Meist donnerte der Zug dann aber vorbei, ohne auf das Winken am Haltepunkt zu achten. So dauerte es manchmal eine Woche, bis die Medizin aus Chicago endlich kam.

Als die Sommersaison in Pine Ridge zu Ende ging, fand Curtis Zeit, seine Post abzuholen. Er war höchst unangenehm berührt von der Nachricht, daß die Bände 1 und 2, von denen er angenommen hatte, sie stünden unmittelbar vor der Fertigstellung, aufgehalten worden seien. Mit Schriftzügen, die seine Ungeduld und seinen Unmut verraten, feuerte er am 25. August einen Brief an Hodge ab, den er so hastig schrieb, daß er Worte ausließ und Sätze durcheinander brachte. «Ich habe ein paar Wochen lang keine Post bekommen», begann er, «und lese jetzt, da ich mit großer Verspätung einen ganzen Packen Briefe erhalte, daß die Manuskripte noch nicht in der Druckerei sind. Ich bekam fast einen Schlaganfall vor Schreck. (...) Im Zuge der Veröffentlichung muß ich der Bank gegenüber verbindliche Erklärungen abgeben; es wäre ein schwerer Fehler, wenn ich mein Versprechen nicht einhalten würde, und ich möchte mir in diesem Stadium des Verfahrens nicht von den Miesmachern sagen lassen müssen, sie hätten es gleich gewußt. Wenn es im Bereich des Menschenmöglichen liegt (und ich glaube, das ist der Fall), müssen diese zwei Bände spätestens am 15. Oktober beim Buchbinder sein – ich weiß, die Zeit ist kurz, aber das ist ein Termin, den wir unbedingt einhalten müssen, da darf es keine Ausflüchte geben. Bei allen unseren indianischen Göttern, machen Sie jetzt die Manuskripte schnell für den Satz fertig und geben Sie sie zur Druckerei. Wenn Sie nicht genug Zeit zum Korrekturlesen und zum Vorbereiten der Register haben, lassen Sie Phillips in Bosten einen Korrektor besorgen, der dabei helfen kann, und lassen Sie ihn diese Arbeit schnellstmöglich erledigen. Ich habe Phillips schriftlich angewiesen, mir alle drei Tage über den Fortgang der Arbeit zu berichten, und ich werde allen Beteiligten brieflich und telegraphisch immer wieder einhämmern, daß Eile geboten ist; denn die Ausgaben sind hoch, und diese beiden Bände müssen zur Auslieferung kommen, damit etwas Geld eingeht, mit dem wir unsere Unkosten decken können. Meine durchschnittlichen monatlichen Ausgaben in diesem Jahr bei der Arbeit hier draußen und für die technische Herstellung des Buches überschreiten die Summe von 4500 Dollar,

Büffelhautboot der Mandan. Das Mandan Büffelhautboot war ein dem Coracle [in Wales gebräuchliches Boot aus Weidengeflecht mit Stoffbespannung] ähnliches Boot; es wurde hergestellt, indem man eine frische Büffelhaut über einen nahezu halbkugelförmigen Rahmen aus weidenhölzernen Reifen spannte.

und deshalb bitte ich Sie noch einmal, sich mit ganzer Kraft in die Arbeit zu stürzen.» Curtis berichtete auch von Harolds Erkrankung, die ihn praktisch einen Monat zurückgeworfen habe und den Erfolg der Arbeit dieses Sommers ernstlich beeinträchtigen werde: «Ich will versuchen, einen Weg zu finden, wie ich diesen Rückstand aufholen kann, und habe schon daran gedacht, die Arbeit in ein paar Reservationen zu raffen und irgend jemand zu engagieren, der mir den Kleinkram abnimmt. Im letzten Frühjahr erwähnten Sie einen Mann, der mir helfen könnte. Ich glaube, er war zu jener Zeit in Chicago. Wissen Sie, wo er jetzt steckt? (...) Wenn ich mich nicht täusche, wird die Arbeit über die Ree und Mandan schwer sein, und es wird viel Schweiß kosten, bis wir der Tradition dieser Stämme auf den Grund kommen, aber es verspricht ein schönes Kapitel zu werden. (...) Mrs. Curtis und ich sind hier im Lager allein mit dem Jungen. Myers und die anderen sind schon weg, sie dürften heute bereits bei den Mandan angekommen sein. Ich werde zu ihnen stoßen, sobald der Junge heimreisen kann. (...) Jetzt lassen Sie mich nur noch ein letztes Mal bitten, uns allen zu helfen, indem Sie die Arbeit an dem Werk beschleunigen.» Harold war bald so weit hergestellt, daß er reisen konnte. Er und seine Matratze wurden auf den Wagen geladen, und Curtis fuhr ihn und die Mutter zum Bedarfshaltepunkt der Eisenbahn. Der Schaffner machte entgegenkommenderweise zwei Sitze frei, auf denen die Matratze während der Reise bis Chicago Platz fand; dort kaufte dann Mrs. Curtis Karten für den Schlafwagen, um die lange Reise zurück nach Seattle etwas bequemer zu gestalten.

Curtis traf in Nord-Dakota mit Myers und seiner Mannschaft zusammen, und alle arbeiteten, bis der Blizzard eines früh einbrechenden Winters sie vertrieb. Unmittelbar vor dem Erscheinungstermin für die ersten beiden Bände reiste Curtis nach dem Osten, um sich um den Verkauf seines Werkes zu kümmern. Die Depression der großen Wirtschaftskrise von 1907 hatte das Land erfaßt, und so waren die Aussichten, Leute zu finden, die für ein mehrbändiges Werk 3000 Dollar auszugeben bereit waren, wesentlich schlechter geworden.

Unter dem braunen Briefkopf des ‹Publications Office, The North American Indian, 437 Fifth Avenue, New York› schrieb Curtis am 1. Dezember an Hodge: «Mr. Donohue, einer der Leute, die für die Subskription werben, versuchte in der vergangenen Woche die John Carter Brown-Bibliothek in Providence als Subskribenten zu gewinnen. Unser guter Freund Mr. Winship ist aber dagegen und beruft sich auf die Vorschrift des Statuts der Bibliothek, daß nichts in die Bibliothek aufgenommen werden soll, was nach 1800 erschienen ist. Ich halte es für sicher, daß Sie bei ihm ein gutes Wort für uns einlegen und ihn überzeugen können, daß wir zwar jetzt erst erscheinen, daß aber unser Thema so weit vor 1800 liegt, daß 1800 sich dagegen recht jung ausmacht.»

Mitte Dezember war Curtis wieder auf dem Wege in das Indianergebiet. Während einer Unterbrechung seiner Reise in St. Paul schrieb er an Hodge über ein Problem anderer und neuer Art, auf das er am Tage zuvor gestoßen war, als er Edward E. Ayer in Chicago besuchte: «Er war ausgesprochen freundlich und begeistert von den Bildern, zeigte sich allerdings skeptisch hinsichtlich der Qualität der Texte. Er läßt sich nicht von der Vorstellung abbringen, ich hätte vor, ein in erster Linie historisches Werk zu verfassen, und er meldet erhebliche Zweifel an, ob ein Mensch allein so viel schaffen könne. Mit anderen Worten, er denkt, ich hätte eine Aufgabe übernommen, die die Kräfte eines einzelnen übersteigt, und er sagt ‹Es sieht aus, als ob Sie versuchen, die Arbeit von fünfzig Männern zu bewältigen.› Ich habe ihm, so gut ich konnte, erklärt, wie ich die verschiedenen Themen behandle, und habe ihm zu zeigen versucht, daß ich nicht aus bereits veröffentlichten Büchern etwas über Geschichte und Leben der Indianer zusammenschreibe, sondern ganz einfach neues Material sammle und in verständlicher Form wiedergebe. (...) Mir ist der Gedanke gekommen, daß Sie wahrscheinlich an dem wissenschaftlichen Kongreß teilnehmen werden, der am 1. Januar in Chicago stattfindet. Wenn dem so ist, hätten Sie vielleicht Gelegenheit, hier und dort ein gutes Wort einzulegen. Ich werde bis dahin Mr. Ayer den ersten Band vorlegen, so daß Sie einen schönen Anknüpfungspunkt haben, das Thema ihm gegenüber zur Sprache zu bringen. (...) In ein paar Tagen bin ich im Lager in Pryor [Montana] und begebe mich dann von dort aus nach Seattle. Ich will versuchen, Ihnen aus dem Lager einen Scheck zu schicken. Phillips schreibt mir, ich solle Hodge auf alle mir nur mögliche Weise für seine glänzende Hilfe bei der beschleunigten Erledigung der letzten Redaktionsarbeiten danken. Auch die Presseleute verhalten sich zur Zeit mehr als wohlwollend. (...) Versuchen Sie doch, nach Chicago zu gehen, wenn es Ihnen möglich ist, und, wo immer sich Gelegenheit bietet, ein wenig Reklame zu machen. Tun Sie das bitte. Das Werk können wir auch ausverkaufen, ohne daß diese großen Institutionen es subskribieren, aber erstens wird der Absatz beschleunigt, wenn derartige Prominenz uns den Rücken stärkt, und zweitens gibt es einem, wie Sie selbst wissen, ein bißchen Befriedigung, wenn man das Gefühl hat, daß diese Leute auf unserer Seite sind (...).»

Es gelang Curtis, sich finanziell über Wasser zu halten, indem er während seines Aufenthalts im Osten mehrere voll zahlende Subskribenten warb und außerdem von Freunden in Seattle ein Darlehen von 20000 Dollar aufnahm. Das Geld, das Morgan vorgeschossen hatte, reichte einfach nicht aus. Als er in Montana ankam, war es an der Zeit, ein Unternehmen auszuführen, das er schon Monate zuvor eingefädelt hatte; er wollte nämlich Aufnahmen von den heiligen Schildkröten machen, die bei einer Reihe von großen festlichen Zeremonien des Mandan-Stammes eine Rolle spielten. Einstmals hatte man dazu lebendige Tiere genommen, jetzt hingegen waren es Nachbildungen aus Büffelleder. Kein weißer Mann hatte sie bisher zu Gesicht bekommen; Curtis war der erste, dem dies vergönnt sein sollte, und er sollte sie nicht nur photographieren, sondern auch den legendären Hintergrund ihrer Geschichte erfahren dürfen.

«Ich übertrug Upshaw [Curtis' Dolmetscher] die Verhandlungen mit dem Schildkröten-Halter, denn mir war klar, daß nur ein Indianer mit indianischen Argumenten fertigwerden könnte», schrieb Curtis in dem knappen Stil, in dem er seine Erfahrungen niederzuschreiben pflegte. «Nach vielen Monaten berichtete Upshaw, daß ‹Rudel-Wolf›, der Schildkröten-Halter, sich nun bereiterklärt habe, uns die gewünschten Informationen zu geben.» ‹Rudel-Wolf› wies sie an, zu Beginn des Winters zu ihm zu kommen. Er bewahrte die Schildkröten in einem Blockhaus nahe dem seinen

›*Upshaw*‹ – *Apsaroke*. Ein Apsaroke mit Schulbildung, Sohn von ‹Crazy Pend d'Oreille›. Upshaw half Curtis bei der Außenarbeit und sammelte Material über die Stämme der nördlichen Ebenen.

auf. Es hatte fast 20 Grad Kälte, und ein eisiger Nordwind pfiff durch die Wälder, als Curtis und Upshaw durch hohen Schnee zu dieser Hütte ritten.» ‹Rudel-Wolf› und zwei andere Medizinmänner, Mitverschworene bei diesem Sakrileg, erwarteten uns», berichtete Curtis. «Nachdem wir unsere steifen Glieder aufgewärmt hatten, wurde uns eröffnet, daß ich als Vorbereitung für den Besuch im Schildkrötenhaus noch ein Schwitzbad nehmen müsse, um meinen Körper zu reinigen und mich für die Geister und die Schildkröten akzeptabel zu machen. Die Badeanstalt war ein «kleines kugelförmiges Bauwerk aus Weidengeflecht, das mit Decken bespannt war und unweit von ‹Rudel-Wolfs› Haus am Rande eines Felsabsturzes lag. Direkt daneben war das Feuer zum Erhitzen der Steine.» Curtis entkleidete sich in einer Schneesenke, ging mit den anderen in das Badehaus und nahm neben den drei Medizinmännern und Upshaw Platz. «Wir hockten mit dem Rücken zu der mit Decken bespannten Wand. Vor uns befand sich eine flache Vertiefung, in die ein Gehilfe heiße Steine warf. Dann wurde der Eingang mit einer Decke lose verhangen und das Singen begann.» Bei bestimmten Worten des Gesangs wurde Wasser auf die Steine gegossen, so daß sich der Raum mit Dampf füllte, «und auf der Stelle», so fährt Curtis fort, «vergaß ich völlig die eisige Temperatur, die draußen herrschte.» Upshaw hatte Curtis vorausgesagt, die Indianer würden ihn einer ernsten Prüfung unterziehen, und ihm geraten, wenn die Hitze unerträglich würde, solle er den Kopf senken und einen Zipfel der Decke am Eingang lüften, um frische Luft zu schnappen – aber nur, wenn es absolut nicht anders ginge; denn es sei eigentlich kein guter Stil. «Ich nahm mir nicht die Mühe, den Indianern zu erzählen, daß ich Prüfungen solcher Art schon mehrfach durchgestanden hatte», schreibt Curtis und fügt hinzu, daß «die Indianer offenbar großen Spaß daran hatten, dem weißen Mann einmal richtig einzuheizen.» Nach vier Gesängen wurde der Vorhang ein wenig gehoben, um frische Luft hereinzulassen. Dann wurde eine neue Füllung von heißen Steinen in das Loch geworfen, damit man für die nächste Gesangsrunde Dampf machen konnte. Die Hitze, die bei der vierten und letzten Serie von Gesängen erreicht war, bedeutete die «höchste Stufe dieser Belastungsprobe», erzählt Curtis. «Ich empfand es fast als angenehm, beim Ankleiden wieder im Polarwind zu stehen.» Der aufkommende Schneesturm ließ ihn hoffen, er brauche kaum zu befürchten, daß noch andere Mitglieder des Stammes ungebeten auf dem Schauplatz seiner geheimen Mission aufkreuzen würden.

Die entscheidende Stunde, in der er die Schildkröten zu sehen bekommen sollte, kam am nächsten Morgen. «Das Haus der Schildkröten war aus schweren Balken errichtet», berichtete Curtis weiter, «die Tür verschlossen und die Fenster verhangen. Beim Eintritt sahen wir einen großen Tisch, auf dem ein Sammelsurium von Opfergaben für die Schildkröten aufgetürmt war. Darunter gab es Fetische, Tierhäute, Fetzen von Kattun und Flanell, Pfeifen, Pflanzen, Adlerfedern, Glasperlen und Perlenarbeiten, Skalpe und Perlenbeutel, die mit Nabelschnüren gefüllt waren. Der Schildkröten-Halter richtete mit unterdrückter Stimme ein kurzes Gebet an die Schildkröten und bat sie, nicht beleidigt zu sein. Dann entfernte er den Haufen von Opfergaben, unter denen die Schildkröten vergraben waren, so daß ich einen ersten Blick auf diese geheimnisvollen Gegenstände werfen konnte. Die Schildkröten waren in Wirklichkeit sehr schön konstruierte Schildkrötentrommeln. Sie waren etwa einen halben Meter lang und wogen jede an die zwanzig Pfund. Der Priester behauptete, sie hätten ein großes Gewicht, weil jede den Geist eines Büffels enthalte. Damit man das auch glaubte, tat er so, als bedürfe es einer großen Kraftanstrengung, sie zu bewegen oder aufzuheben.» Die Schildkröten waren mit Halskrausen aus Adlerfedern geschmückt, und Curtis machte schnell Aufnahmen von ihnen. «Dann fragte ich, ob die Federn sich nicht entfernen ließen, damit ich die Schildkröten ohne diesen Schmuck photographieren könne. Diese Bitte löste eine lange Diskussion

Heilige Mandan-Schildkröten. Die Priester behaupten, daß diese Schildkrötentrommeln ein riesiges Gewicht hätten, weil eine jede den Geist eines Büffels enthalte, ein Glaube, den sie sorgsam zu stützen suchen, indem sie so tun, als sei eine große Kraftanstrengung notwendig, um die Trommeln anzuheben.

zwischen dem Priester und seinen Gehilfen aus. Anscheinend fürchteten sie, die Schildkröten könnten beleidigt sein, wenn sie durch das Entfernen der Dekoration entblößt würden.» Der Priester sprach ein langes Gebet und erbat die Erlaubnis der Schildkröten, Curtis' Wunsch zu entsprechen. Nachdem er beschwichtigend auf sie eingeredet hatte, wurden die Federn vorsichtig und ehrfurchtsvoll entfernt. «Endlich, nachdem ich so viele Monate lang darum gekämpft hatte, sah ich diese alten heiligen Schildkröten, die viele, viele Jahre hindurch vor den profanen Augen des weißen Mannes gehütet worden waren. Nachdem ich die nackten Schildkröten photographiert hatte, faßte ich den Mut, den Priester zu bitten, ob man nicht die Schildkröten ein Stückchen wegbewegen könnte, um sie besser ins Bild zu bekommen. Zu meinem größten Erstaunen stimmte er zu, warnte mich aber, sie etwa umzudrehen.» Wenn Curtis das täte, sagte der Priester, würden sie alle sterben. Mit einer Ehrfurcht, die die der Indianer fast noch übertraf, schob Curtis die Schildkröten auf dem Tisch in besseres Licht und belichtete zwei weitere Platten. «Ich zitterte wie Espenlaub und der kalte Schweiß brach aus meinen Poren», schreibt er. «Die Angst, ich könnte unterbrochen werden, bevor die Bilder fertig waren, war eine große Nervenprobe.»

Aber Curtis bekam seine Bilder, obgleich er und die anderen nur um Haaresbreite der Entdekkung entgingen. Denn unmittelbar, nachdem sie das Schildkröten-Haus verlassen hatten, kamen fünfundzwanzig argwöhnische Indianer angeritten. Während sie ihn und Upshaw stumm beobachteten, tat er so, als ob er auf seinem Edison-Zylinder eine Stammeslegende aufnähme, wobei er versuchte, ganz unschuldig auszusehen. «Offenbar wunderten sie sich, daß ich im Winter in die Prärie zurückgekehrt war, um den Schildkröten-Halter zu besuchen», schreibt Curtis. Er war bemüht, beim Einpacken seiner Kamera und seiner Kassetten in die Satteltaschen keine Hast zu zeigen.

«Immerhin hatte ich den ungewöhnlich hohen Preis von fünfhundert Dollar an diesen habgierigen Priester bezahlt. (...) Aber ich war mir völlig klar darüber, daß ich keine Zeit haben würde, noch lange Erklärungen abzugeben, wenn die Wilden erst einmal der Überzeugung wären, daß ihr Verdacht begründet sei. Ich war mir bewußt, daß unser Leben nur an einem Faden hing. Meine Muskeln waren wie steif gefroren, als ich mich in den Sattel schwang. Wir trieben unsere Pferde zum schnellsten Galopp an und brachten bald einige Distanz zwischen die Mandan und uns.»

Im Januar 1908 hatte Hodge Zeit gehabt, den inzwischen erschienenen Band 1 durchzuschauen, und er hatte Curtis von seinen Eindrücken geschrieben. Curtis antwortete am 14. Januar aus Pryor, wo er und seine Mitarbeiter in einer Berghütte am Werk waren, um die Früchte des letzten Sommeraufenthalts bei den Sioux zu verarbeiten. «Ich bin höchst erfreut über Ihren Brief, in dem Sie mehrere Fragen anschneiden, die das Buch betreffen», beginnt Curtis. «Ich stimme völlig mit Ihnen überein: Allein schon das Sach- und Personenregister muß den Leser davon überzeugen, daß das Buch eine Menge Stoff enthält. Sie haben damit bestimmt gute Arbeit geleistet, und das Register erhöht den Wert des ganzen Werkes beträchtlich. Mit besonderem Interesse habe ich gelesen, was Sie über Dr. Culen [Robert Stewart Culen, Direktor des Brooklyn Museums] schreiben. Vielleicht gelingt es Ihnen, ihn auf unsere Seite zu ziehen; wenn irgend jemand dazu fähig ist, dann sind Sie es. Aber ich fürchte, wenn Sie das versuchen, bedeutet es, daß Sie da mit Kanonen auf Spatzen schießen. Daß der gute Doktor so kritisch wurde, hat seinen Ursprung darin, daß ich zunächst nicht begriffen habe, was für ein Halbgott er ist. Als ich ihm einmal in der Lobby des Portland-Hotels begegnete, ging ich auf ihn zu, legte meine Hand auf seine Schulter und sagte mit der Unbekümmertheit eines Ebenbürtigen: ‹Hallo, Culen, wo kommen Sie denn her?› Er drehte sich um und starrte mich mit einer Miene an, die so eisig war, daß sie Waziya, dem Gott des Nordens bei den Lakota, Ehre gemacht oder auch die heißesten erotischen Wünsche eines achtzehnjährigen Mädchens vom Stamm der Crow zu Eis hätten erstarren lassen. Als er später einmal in Days Haus im Navaho-Land zu Besuch weilte, kam er auf diesen Zwischenfall zu sprechen und sagte: ‹Wer ist das denn, der sich erdreistet, mich so familiär anzusprechen?› Aber Scherz beiseite, als Ethnologe sollte der Doktor sachlich bleiben –. Seine Erklärung, er habe es abgelehnt, das Werk als Geschenk anzunehmen, ist meines Erachtens falsch. Der Vorstand des Brooklyn-Instituts hat seinerzeit erwogen, das Buch zu kaufen, und er (als Mitglied des Vorstandes, glaube ich) hat den Kauf vereitelt. Ein Jahr zuvor war es ihm bereits gelungen, einen Privatmann, der schon fest entschlossen war, für etwa 1000 Dollar Photographien für seine Sammlung zu kaufen, davon wieder abzubringen. Seiner Wühlarbeit sind allerdings Grenzen gesetzt – tatsächlich habe ich gehört, daß eine Institution geäußert hat, nichts spräche überzeugender für die Anschaffung des Buches als die Tatsache, daß Culen dazu negativ eingestellt sei».

Demgegenüber verdiente die Kritik von James Mooney, einem Kollegen Hodges am Büro für amerikanische Ethnologie, wohl mehr Beachtung. Mooneys Kommentare bezogen sich auf ein Bild mit dem Titel ‹Ein Cheyenne-Krieger›. «Ich weiß gar nicht einmal genau, wen das Bild darstellt, ob der Titel von mir stammt oder von jemand anderem, der das Bild benutzt hat», schreibt Curtis dazu, «aber bei dieser Gelegenheit möchte ich ein paar grundsätzliche Worte über Bilder und ihre Titel sagen: Lassen Sie uns noch einmal auf den Titel des fraglichen Bildes zurückkommen. Es ist damit nicht notwendigerweise gesagt, daß der Mann gerade an einer Schlacht teilnimmt oder im Begriff ist, sich stehenden Fußes in ein Gefecht zu stürzen. Ein Indianer war in der alten Zeit 365 Tage im Jahr ‹Krieger›, wenngleich er nur einen verhältnismäßig kleinen Teil dieser Zeit mit tatsächlichen Kämpfen verbrachte. Auf Kriegszügen trugen die Indianer ihre gewöhnliche Kleidung bis zum Beginn des Kampfes oder bis zu jenem Augenblick unmittelbar vor dem Kampf, in dem sie von den Medizinmännern vorbereitet wurden. Tatsächlich trugen sie auch oft Kleidung, wenn sie in den Kampf zogen, vor allem dann, wenn die Kleidung mit dem von ihrem Medizinmann herbeigeschworenen Schutz zusammenhing. Wenn eine Schar von Kriegern ausrückte, pflegten sie beim Verlassen des Zeltlagers oder Dorfes ihre besten Kleider anzulegen und um das Lager zu reiten. Ein Bild, das sie in diesem Aufzug zeigt, kann selbstverständlich mit ‹Krieger› betitelt werden, und dieser Titel ist über jede Kritik erhaben. – Sättel, ob selbstgemachte oder gekaufte, sind seit zwei Generationen in Gebrauch. Es ist zuzugeben, daß diese Sättel nur selten in Kämpfen benutzt wurden, aber von mehreren Stämmen ist bezeugt, daß es einen nennenswerten Prozentsatz von Leuten gab, die ihre Sättel zu den Gefechten mitnahmen, besonders jüngere Leute und solche, die infolge ihres Alters mit ihrer Reitkunst nicht mehr auf der Höhe waren. Ich schätze Mooneys Kenntnis der Plains-Indianer viel zu sehr, als daß ich seine Kritik übelnähme, aber ich glaube, in diesem Falle hat er eine übertrieben kritische Haltung eingenommen, wenn er unterstellt, der Titel wolle besagen ‹Dieses Bild zeigt einen Häuptling, der speziell für den endgültigen Austrag eines Kampfes gekleidet ist›, während doch in Wirklichkeit der gleiche Titel auch für ein Bild gepaßt hätte, das den gleichen Mann in seiner Hütte sitzend und Pfeife rauchend zeigte. Wenn er aber nur sagen will, daß ich Bilder machen sollte, auf denen die Indianer ohne Sattel und ohne Kleidung zu Pferde sitzen, so stimme ich mit ihm vollkommen darin überein, daß es höchst wünschenswert wäre, von solchen Bildern so viele wie nur möglich zu machen.»

Curtis wendet sich in seinem Schreiben dann anderen Themen zu. «Ich bin glücklich über das Tempo, mit dem der Lakota-Band entsteht. (...) Der fertige Textteil wird mit Sicherheit vor Ende Februar in Ihren Händen sein und der folgende Band, Hidatsa und Apsaroke, sechs Wochen später; der dritte Band dieses Jahres geht Ihnen dann Mitte Juli zu. Der Grund für die Verzögerung von Band 5 liegt darin, daß das Material über gewisse Zeremonien erst zu bekommen ist, wenn die Blätter grün sind und die Vögel wieder singen. Aberglauben ist zwar interessant, aber oft auch unbequem (...).» In seinem nächsten Brief, der nach drei Tagen folgte, erzählt Curtis von einigen Verbesserungen, die er – getreu seiner Devise, jeden neuen Band «besser als den vorausgehenden» zu machen – im Sinn hatte. Noch aus Pryor schreibt er: «In Zukunft möchte ich mehr von der Musik bringen, um sowohl von ihrer allgemeinen Bedeutung als auch von ihrer Rolle im zeremo-

Ein Cheyenne-Kind.

Wenige Züge des indianischen Lebens sind für den zufälligen Besucher interessanter als die Kinder mit ihrer Schüchternheit, ihren schelmisch glänzenden Augen, ihrer skeptischen Zurückhaltung.

Ein kleiner Oto.

Unschuld (ein Umatilla-Mädchen).

Ein Wichita-Tänzer.

niellen Leben eine Vorstellung vermitteln zu können. Zuerst habe ich vorgehabt, die Noten der musikalischen Begleitung einer Zeremonie im Textteil unseres Buches jeweils an der Stelle abzudrucken, an der die betreffende Zeremonie beschrieben wird. Mr. Myers, mit dem ich das durchgesprochen habe, meint jedoch, auf diese Weise würde das Druckbild verdorben, und er ist dafür, den Notenteil im Anhang unterzubringen. Ich werde diese Sache auch mit Orcutt, dem Drucker, und vielleicht noch mit anderen Leuten besprechen, und es würde sich möglicherweise lohnen, in der vorgeschlagenen Art eine Probeseite herzustellen. Dann sieht man am besten, wie die Sache ausfällt. Eine dritte Möglichkeit wäre, die Musikstücke in Fußnoten unterzubringen. Wir haben noch viel Zeit, darüber nachzudenken, aber lassen Sie mich wissen, wie Sie darüber denken.»

Auch wenn Lob und Anerkennung von höchster Warte zu ihm ins Lager drangen, blieb Curtis betont sachlich. So fügte er einmal einem Brief an Hodge vom 28. Januar 1908 ein Anerkennungsschreiben mit der kurzen Bemerkung bei: «Ich dachte, es könnte nützlich sein, dieses Schreiben zur Hand zu haben, wenn Sie mit anderen Mitarbeitern Fragen besprechen, die das Buch betreffen.» Das genannte Schreiben stammte von Dr. Frederick Ward Putnam, der einerseits Peabody-Professor an der Harvard-Universität und Kurator des Peabody-Museums für amerikanische Archäologie und Ethnologie, andererseits Professor für Anthropologie und Direktor des Anthropologischen Museums der Universität von Kalifornien war. Darüber hinaus gehörte er zu den Gründern des Field-Museums für Naturgeschichte in Chicago und war schließlich Kurator der Anthropologischen Abteilung des Amerikanischen Museums für Naturgeschichte in New York. «Mein lieber Curtis», hatte Dr. Putnam geschrieben, «Mr. Phillips brachte mir den ersten Band Ihres großen Werkes über die nordamerikanischen Indianer zur Ansicht, und es bereitete mir großes Vergnügen, ihn durchzuschauen. Besonderen Gefallen wird allgemein Ihre künstlerische Wiedergabe der pittoresken Züge des indianischen Lebens finden – das ist ja eine Seite des vielschichtigen Lebens der Indianer, die bislang vernachlässigt wurde, weil es an Begabungen gefehlt hat, die sie angemessen hätten darstellen können. Sie gehören zu der letzten Generation, der es vergönnt ist, die Indianer noch annähernd in ihrem ursprünglichen Zustand zu erleben, und alle Studenten und Historiker werden künftig zu Ihren Bänden greifen, so wie heutzutage alle Ethnologen [George] Catlins Buch benutzen. Nach dem Text des ersten Bandes zu urteilen, werden Sie offenbar den Amerikanisten viel wertvolle Informationen vermitteln, die Sie durch Ihre intimen Beziehungen zu den Menschen der verschiedenen Stämme aus den Originalquellen zu schöpfen vermögen. Was Sie in Ihren Textbänden und Bildmappen an Großaufnahmen von Männern und Frauen in Frontal- und Profilansichten bieten, wird dem kritischen Anthropologen wichtige Aufschlüsse erlauben; und der Ethnologe wird Ihre Ansichten von den verschiedenen Gewohnheiten der zahlreichen Stämme, die in den unterschiedlichsten Umgebungen leben, und die Einblicke in ihr häusliches Leben und in die Geheimnisse ihrer Zeremonien hoch zu schätzen wissen. Dem Sammeln und Bewahren dieser Kunde kommt, solange das überhaupt noch möglich ist, allergrößte Bedeutung zu, und es ist wirklich ein Glücksfall, daß diese Aufgabe von einem Manne bewältigt wird, der über das Können eines kundigen Photographen, über Sinn und Auge eines Künstlers und über Sympathie und Verständnis für dieses nur zu oft mißverstandene Volk verfügt (...).»

In den ersten Frühlingstagen des Jahres 1908 war Curtis wieder in New York und stellte einen Terminplan auf, nach welchem im Laufe des Jahres drei neue Bände erscheinen sollten. Am 16. April schrieb er unter dem Briefkopf ‹The North American Indian, geschrieben, illustriert und veröffentlicht von Edward S. Curtis› an Hodge: «Myers schreibt mir, daß er über die Hälfte des Manuskripts von Band 3 an Sie abgeschickt habe. Ich sprach gestern mit Orcutt von der Universitäts-Druckerei und der antwortete mir auf meine Frage, wie schnell sie in diesem Jahr mit ihrer Arbeit vorankommen könnten: ‹Ein Band pro Monat, vorausgesetzt, Hodge liest die Korrekturen so schnell, daß er uns regelmäßig ein Bündel Fahnen pro Woche schicken kann.› Ich hoffe, daß die

Ein Jicarilla-Mädchen. Typisch für die Frauen und Mädchen der Jicarilla war ihre Haartracht; sie scheitelten ihr Haar in der Mitte und banden es auf jeder Seite mit einem großen Knoten aus Garn oder Stoff zusammen.

Druckerei Mitte Juli mit dem Satz beginnt. Werden Sie in der Lage sein, die Korrekturen so rasch zu erledigen, daß die Druckerei dieses fabelhafte Tempo einhalten kann?» Hodges Antwort auf diesen Brief muß wohl etwas erschrocken geklungen haben, denn Curtis beeilte sich, ihn am 21. April zu beruhigen: «Lieber Mr. Hodge, wenn ich davon berichtete, daß Orcutt pro Monat einen Band herausbringen will, dann war das natürlich nicht so zu verstehen, daß wir dies Tempo das ganze Jahr durchhalten müßten; vielmehr ist damit die Zeit gemeint, die er braucht, um drei Bände herauszubringen. Drei Bände ist selbstverständlich alles, was ich versuchen will, aber es ist mein sehnlichster Wunsch, die nächsten drei Bände noch vor dem 1. Januar [1909] auf den Markt zu bringen. (...) Die drei Bände in diesem Jahr noch ferig zu machen, bedeutet ohne Zweifel für Sie eine Menge Arbeit, aber andererseits wäre es finanziell für Sie dann keine schlechte Saison.»

Als sein Zug ihn wieder nach Westen in die Prärie trug, war Curtis wenigstens einer Sorge ledig: der Frage nämlich, wie das Publikum sein Werk wohl aufnehmen würde. Seit dem Erscheinen der beiden Bände 1 und 2 waren einige Monate vergangen, und die ersten anerkennenden Urteile

Jicarilla-Häuptling – Apache. Im allgemeinen ist die Häuptlingschaft erblich und geht beim Tode eines Häuptlings auf dessen ältesten Sohn über, wenn einer da ist, sonst auf einen Bruder; doch gibt es Ausnahmen von dieser Regel, zum Beispiel dann, wenn die öffentliche Meinung stark genug ist, um die Wahl eines Kandidaten aus einer anderen Familie durchzusetzen.

gingen ein. «Jeder Amerikaner, der dieses Werk sieht, wird stolz sein, daß ein so schönes Druckerzeugnis in Amerika entstanden ist», sagte Dr. Clinton Hart Merriam, einer von denen, die von Curtis seinerzeit am Rainier-Berg gerettet worden waren, «und jeder Gebildete wird hocherfreut darüber sein, daß sowohl die Ethnologie als auch die Geschichtswissenschaft durch eine so getreue und künstlerische Dokumentation über die Ureinwohner unseres Vaterlandes bereichert worden sind.» Wie nach ihm noch viele andere, stellte George Bird Grinnell bei seiner Rezension im ‹Forest and Stream› ein Bild ganz besonders heraus: «‹Die untergehende Rasse› besticht durch Poesie und Pathos; denn was könnte wohl eine stärkere Aussagekraft haben als die lange Kolonne schattenhafter Figuren, die gleich in das Dunkel einer unbekannten Ferne eintauchen wird.» E. M. Borrojo, der

Bibliothekar der Guildhall-Bibliothek in London, die von J. Pierpont Morgan das Exemplar Nr. 7 der numerierten Serie erhalten hatte, war höchst beeindruckt davon, welches Interesse die Bücher auf sich zogen. «Obwohl Morgans Geschenk erst seit ein oder zwei Tagen in London vorliegt, haben schon zahlreiche Gelehrte die Bibliothek besucht, um es anzusehen. Der Bibliothekar hat zwei Angestellte eigens dazu abgeordnet, die Bücher den Interessenten zu zeigen, und die stattliche Reihe von Photographien in der langen zur Bibliothek führenden Passage hat bereits erhebliches Aufsehen erregt. Auf diesen Bildern sind alle möglichen Arten von Indianern zu sehen, von Babies bis zu voll ausgewachsenen Kriegern, und jede einzelne Phase des Lebens der Indianer ist in einer Großzügigkeit dargestellt, die nur durch Morgans Millionen möglich gemacht werden konnte.» Henry E. Huntington, ein Finanzmann und Eisenbahnbauer, der fünfzigtausend Dollar für eine Gutenberg-Bibel gezahlt hatte, subskribierte das Exemplar Nr. 51 für die Huntington-Bibliothek von San Marino in Kalifornien und schrieb dann an Curtis: «Ich schätze Ihr Werk wegen seiner wirkungsvollen Illustrationen und wegen seines Reichtums an Informationen hoch ein. (...) Ich habe viel Freude beim Anschauen der Bände gehabt und bin sehr froh, daß sie in meinem Bücherregal stehen.» Besondere Genugtuung müssen Curtis aber wohl die Zeilen bereitet haben, die er von Charles F. Lummis erhielt, Bibliothekar der Public Library in Los Angeles und Gründer des dortigen Südwest-Museums, das als weltweit führendes Indianermuseum gilt: «Sogar der einzige von den Direktoren, der dagegen war, für Ihr Werk 3000 Dollar zu bezahlen – zu einer Zeit, als die Bibliothek ganz besonders schwer zu kämpfen hatte und nicht einmal Bücher im Wert von einem Dollar anschaffen konnte –, ist bekehrt worden und hat eingesehen, daß keine Bibliothek von Rang ohne diese geschichtliche Dokumentation bestehen kann.» Lummis hatte selbst Indianer photographiert, hatte unter ihnen gelebt und in Süd-, Mittel- und Nordamerika sowohl Bilder von ihnen gemalt als auch 425 indianische Lieder auf Edison-Zylinder aufgenommen. «Aber», so hieß es in seinem Brief weiterhin, «ich gebe unumwunden zu, daß ich niemals so gelungene Photographien gesehen habe wie die Ihren. Ich bin ganz traurig, daß mir nicht die Mittel zur Verfügung stehen, zwei Exemplare zu subskribieren.» Und er fügte hinzu, es gebe kein Thema, für das sich so viele Menschen zwischen sechs und sechzig interessierten wie das der Indianer.

Im Laufe des Jahres 1908 folgte noch manche Anerkennung. «Wenn sie auch primitiv waren, so verdienen unsere Ureinwohner doch ein Denkmal», sagte Professor W. J. McGee vom ‹United States Bureau of American Ethnology›, den der ‹Washington Evening Star› am 3. Juni zitierte. «So grausam unsere Eroberung in mancher Hinsicht war, so verdient doch auch sie eine geschichtliche Aufzeichnung; und Ihr großes Buch stellt beides dar. Ich kenne kein anderes allgemeines Bild von den Indianern, das so wahr und echt ist wie das Ihre, und tatsächlich ist kein anderes so lebendig und so genau.» Indianer-Kommissar Leupp, der seit seiner Kindheit die Indianer studiert hatte, schrieb: «In anderen Büchern, die in streng wissenschaftlichem Sinne vielleicht anspruchsvoller sind als dieses, sind massenhaft Informationen über die Ureinwohner unseres Kontinents zusammengetragen. Aber Mr. Curtis' Ausbeute hat die Grenzen statistischer oder enzyklopädischer Betrachtung weit überschritten. Er ist wirklich bis in die Herzen der Indianer vorgedrungen und hat vermocht, die Welt mit den Augen der Indianer zu sehen. Das verleiht seinen Schriften eine so lebendige Farbe, daß seine Leser das Wissen, das er vermittelt, nicht nur in sich aufnehmen, sondern tatsächlich erfühlen. Ich glaube, es ist nicht übertrieben zu sagen, daß die echteste und wahrste Vorstellung vom indianischen Volk, die sich die Nachwelt jemals wird bilden können, aus diesem großartigen Werk zu gewinnen ist.» – Die ‹New York Times› urteilte: «Mr. Curtis verfügt als Photograph in mehrfacher Hinsicht über seltene Fähigkeiten, und zwar gleichermaßen in seinem Gefühl für das Arrangement, die Verteilung von Licht und Schatten und die Wahl des Blickpunktes, von dem aus ein Bild nicht nur wahr, sondern auch gefällig wirkt, wie auch in seinem Geschick, das Bild dann wirklich so aufzunehmen, wie er es für wertvoll erkannt hat. Und was die wesentlichen Eigenschaften eines guten Porträts anbelangt, so sind seine Porträtaufnahmen besser

Apsaroke-Mutter mit Kind. Die Frauen widmeten ihrer Kleidung und ihrer persönlichen Erscheinung besondere Aufmerksamkeit, um damit die Augen der Männer zu erfreuen. Das Haar trugen sie in der Mitte gescheitelt, und zwar von der Stirn bis zum Nacken, so daß es lose über beide Schultern hing; an den Enden wurde es mit einem Lederband und einer Verzierung zusammengebunden, aber nicht geflochten. Als sie später mit Nez Percé-Frauen zusammenkamen und deren hübsch geflochtenes Haar sahen, übernahmen auch sie diese Mode.

als die meisten landläufigen Ölgemälde, während man in seinen anderen Bildern stets die so schwer faßbare Qualität wiederfindet, die nur ein Künstler festhalten kann, der die Schönheit des Sujets ebenso begreift wie seine materielle Eigenart. Wenn alles vollendet ist, wird es ein monumentales Werk sein, das bewunderungswürdig ist wegen der unendlichen Mühe, Arbeit und Strapazen, die darin investiert sind, das zugleich höchst bemerkenswert ist wegen der Schönheit seiner Darstellung, das aber besonders wichtig ist wegen seines geschichtlichen und ethnographischen Wertes.» – Den ‹Literary Digest› erinnerte Curtis' Werk an John James Audubons monumentales Buch ‹Birds of America›, das zwischen 1827 und 1838 erschien. «Es ist in seiner hervorragenden Verarbeitung und Ausstattung, in seiner Authentizität und in dem geschichtlichen Wert seiner Illustrationen oder auch in der Methode, nach welcher das Material zusammengestellt ist, diesem berühmten Buch an die Seite zu stellen.» – «Gleichermaßen Dichter wie bildender Künstler», schrieb E.P. Powell im ‹Unity Magazine› über Curtis. «Wenn jemals die Zeit kommen sollte, da wir unsererseits diesen Kontinent räumen müssen, können wir uns nur wünschen, einen ebenso verständigen Interpreten und einen ebenso liebenswürdigen und geschickten Künstler zu finden, der unser Andenken für alle Zukunft bewahrt.»

Hidatsa-Mutter mit Kind. Wenn ein Kind geboren wurde, veranstalteten die Eltern ein großes Fest und baten eine prominente Persönlichkeit – einen alten Mann oder eine alte Frau – ihm einen Namen zu geben. Wenn ein junger Mann erwachsen wurde und eine tapfere Tat vollbracht hatte, durfte er den Namen seines Vaters, seines Großvaters oder eines anderen Verwandten aus dem väterlichen Stamm annehmen. Derjenige, dessen Namen er annahm, erhielt von dem jungen Mann Geschenke und mußte sich nun seinerseits einen anderen Namen wählen.

Bis zum Herbst war von Curtis nichts zu hören. Dann tauchte er wieder auf mit einem Brief, den er am 19. August 1908 aus Minot in Nord-Dakota an Hodge geschrieben hatte. Er meldete, daß sein Ziel – drei Bände für dieses Jahr – in Reichweite liege, und trieb wieder einmal zur Eile an: «Wir schicken heute die Crow-Sachen an Sie ab und morgen werden wir wahrscheinlich die Sioux folgen lassen; ein paar Tage später geht dann ein weiteres Bündel auf die Bahn. Ich werde die letzten Manuskripte für diese drei Bände in einer Woche fertig haben (...).» Eine Woche später hatte Hodge das Crow-Material bereits erhalten und an Curtis auch schon geschrieben, er habe es wieder an ihn zurückgeschickt, da er nur wenig oder gar nichts gefunden habe, was hätte geändert werden müssen. «Ich bin überglücklich, daß Ihnen das Crow-Kapitel gefällt», antwortete Curtis. «Ich für meine Person habe das Gefühl, daß es ein getreueres Bild des indianischen Lebens bietet, als es weißen Männern bisher wohl geglückt ist. Wenn Sie an das Hidatsa-Material kommen, werden Sie wahrscheinlich sofort sehen, daß wir im Sinne haben, daraus einen Teil von Band 4 oder vom Crow-Band zu machen. Das würde allerdings bedeuten, daß dieser Band etwas umfangreicher ausfiele als die Bände 1 und 2. (...) Ich schätze, daß auch Band 5 mit den Kapiteln Mandan, Ree und Atsina den normalen Umfang überschreiten wird. Wir müssen aufpassen, daß keiner der Bände

Schwestern – Apsaroke. Die jungen Mädchen waren der Obhut ihrer Großmütter anvertraut. Schon in frühem Alter begann die Erziehung zur Hausarbeit, und mit vierzehn Jahren konnte ein junges Mädchen schon Häute gerben und sich darin zu üben, Kleider zu nähen.

hernach wie ein ‹Who's Who› aussieht.» Nach etwa einer Woche konnte Curtis einen weiteren Erfolg melden: «Ich habe jetzt Sioux und Crow gelesen und zurückgesandt, und ich glaube, beide Teile sind bestens gelungen. Ich habe nur ein paar kleine Änderungen an Ihren mit roter Tinte eingefügten Korrekturen angebracht. Ein paar davon sind sachliche Berichtigungen, und in anderen Fällen», so erklärte er taktvoll, «betrafen Ihre Korrekturen Punkte, bei denen ich mich nicht ganz klar ausgedrückt hatte. Dadurch erhielten Sie eine falsche Vorstellung, die Sie dann deutlicher herausbringen wollten. In solchen Fällen habe ich die Passage nun umformuliert und das, was eigentlich gemeint war, klarer zum Ausdruck gebracht.»

Von Nord-Dakota ging Curtis in den Südwesten. Er schrieb aus Santa Fe in New Mexico am 18. September 1908 mit der etwas rätselhaften Anschrift: «F. W. Hodges, Esq.». Zwar strich er das Plural-‹s› am Ende des Namens wieder aus, ließ aber dann in der Anrede den Plural stehen: «Liebe Hodges. In Beantwortung Ihres Schreibens vom 31. August, das nach Minot adressiert war, teile ich mit, daß ich das kleine Stückchen Arbeit hier, das allerdings recht anstrengend war, abgeschlossen habe und darüber sehr glücklich bin, denn ich glaube, ich habe dabei zwar ein paar graue Haare mehr bekommen, andererseits aber auch eine glänzende zusätzliche Grundlage für die Arbeit im Süden.» Vermutlich hatte Hodge in seinem Schreiben noch irgendeinen außerhalb des Themas der Redaktionsarbeit liegenden Vorschlag gemacht, auf den Curtis erwiderte: «Übrigens brauchen Sie nicht zu befürchten, daß ich Ihretwegen auf mein Studio Hypotheken aufnehme, denn praktisch alles, was ich besitze oder noch zu erwerben hoffe, ist bereits jetzt bis über das Dach mit Hypotheken belastet. Wenn ich auf dieser Welt irgendetwas besäße, was noch nicht verpfändet ist, würde

Zuhause – Piegan. Die Wohnungen der Piegan waren aus Büffelhäuten, später auch aus Zeltstoff, und in der üblichen Tipi-Form gebaut. Sie unterschieden sich voneinander nur durch die charakteristische Dekoration der Innenauskleidung.

Tagträume – Piegan. Die Piegan sind ihrer Natur nach besonders umgänglich und liebenswürdig. Es gibt kaum einen Stamm, bei dem es so angenehm zu arbeiten ist.

ich auf der Stelle auf die Suche nach jemandem gehen, der mir ein paar Dollars leihen würde, sogar hier in Santa Fe (...).»

Im Herbst verbrachte er ein paar Wochen in Seattle, um «die Dinge, so gut das von hier aus geht, voranzutreiben», und begab sich im November wieder in den Osten, um die Herstellung der Bände 3, 4 und 5 – des Kontingents für 1908 – zu leiten. »Ich bin soeben aus Boston zurückgekehrt, wo ich ein paar Tage mit Myers und den Graveuren verbracht habe», schrieb er Hodge am 11. November 1908. «Alles kommt gut voran, und ich habe Ihnen ganz herzlich für Ihre glänzende Unterstützung zu danken. Ich werde in etwa 10 Tagen in Washington sein und dann Gelegenheit haben, alle kleinen Probleme zu besprechen, die vielleicht noch auftauchen.»

Eine Angelegenheit war jedoch zu besprechen, noch bevor er nach Washington kommen konnte, und er schrieb deswegen an Hodge. «Durch die Vermittlung eines einflußreichen englischen Freundes glaube ich erreichen zu können, daß ein oder mehrere englische Ethnologen unser Buch rezensieren. Bitte seien Sie so gut und schreiben Sie mir die Namen von zwei oder drei Leuten, die Ihnen für einen solchen Zweck am geeignetsten erscheinen. Mein englischer Freund soll unter ihnen dann denjenigen aussuchen, mit dem er die engste Verbindung hat. Bitte schicken Sie mir die Namen, wenn möglich, postwendend.» Hodge reagierte schnell und hatte schon nach zwei Tagen die von Curtis gewünschte Information. Einer der Namen, die Hodge nannte, war Professor A. C. Haddon von der Universität Cambridge.

«Vielen Dank für die englischen Namen», quittierte Curtis voll Anerkennung. «Zufällig wird Professor Haddon, glaube ich, im kommenden Sommer in dem einen oder anderen Lager bei mir zu Gast sein. Jedenfalls hat ein Angehöriger der Fakultät der Universität Washington, der Haddons Klassenkamerad war, ein solches Arrangement vorgeschlagen, und ich würde mich freuen, ihm diese Gefälligkeit erweisen zu können. Wahrscheinlich wird er in einem der Zweig-Lager, die an der Puget-Bucht liegen, längere Zeit zubringen als in meiner unmittelbaren Umgebung. Der Verbindungsmann, der mir seine Hilfe bei der Suche nach einem respektablen englischen Rezensenten angeboten hat, ist Lord Northcliffe; er ist begeistert von dem Werk und will alles, was in seiner Macht steht, für uns tun. Der Wert einer Besprechung des Buches in England liegt nach meinem Dafürhalten nicht so sehr in der Wirkung, die sie dort drüben erzielt; wichtig ist sie vielmehr als Rückenstärkung von außerhalb, die diejenigen auf unserer Seite des Ozeans ermutigen könnte, die noch zögern (...).»

Lord Northcliffe – Alfred Charles William Harmsworth – war allerdings ein Mann, den für die Sache gewonnen zu haben sich lohnte. Ihm gehörten die meisten der Londoner Tageszeitungen und in jenem Jahr (1908) wollte er auch noch die Londoner ‹Times› erwerben. Einer der Zögernden auf dieser Seite des Ozeans zögerte nun nicht mehr, sondern entschloß sich zur Subskription, und vielleicht ist er es, der es Curtis ermöglicht hat, Hodge so zu antworten, wie er es unter dem 4. Dezember tat. «In diesem Monat waren die Forderungen nach Geld sehr zahlreich, aber trotzdem werden Sie den Betrag, den Sie erwähnen, erhalten, und es tut mir nur leid, daß ich nicht in der Lage bin, diese Summe zu vervielfachen. (...) Betreffend Hidatsa-Schrein und Totenschädel: Ja ich weiß, Heye hat sie erworben [George E. Heye, ein Sammler indianischer Kunst, Handwerkserzeugnisse und Gerätschaften, gründete im Jahre 1916 das ‹Museum of the American Indian› in New York]. Reverend Wilson, der die fraglichen Sachen beschafft hat, war im vergangenen Jahr einige Tage Gast in meinem Lager. Wie Sie vielleicht wissen, hat man in Nord- und Süd-Dakota geteilte Gefühle hinsichtlich der erwähnten Schädel. Bitte glauben Sie nicht, daß ich irgendeine Kritik üben will, denn ich sage nur, wie es sich für einige Leute da draußen darstellt. Wilson gab vor, er sammle Informationen und Material für das American Museum of Natural History, aber jetzt sagen einige Einheimische, daß das alles nur Bluff war und daß er in Wirklichkeit sammelt und an denjenigen verkauft, der ihm den besten Preis zahlt. Ich von mir aus habe nichts dagegen, daß Heyes diese Schädel erwirbt (...).»

Der Eifer, mit dem das Material für die drei im Jahre 1908 satzreif zu machenden Bände bearbeitet wurde, hatte Erfolg. Aber als Curtis im Frühjahr 1909 wieder zur Arbeit ins Feld zog, begleitete ihn ein Alptraum: Entgegen seiner Hoffnung, daß der Engpaß überwunden sein würde, wenn erst einmal fünf Bände gedruckt seien, hatte sich die finanzielle Lage nicht gebessert. Die Nachwehen der Rezession von 1907 waren noch allerorts fühlbar. «Ich habe Ihr Schreiben, die Geldmittel betreffend, vor ein paar Tagen erhalten», schrieb er, sich verteidigend, an Hodge am 13. Juli aus Seattle. «Ich kann gar nicht sagen, wie dankbar ich Ihnen für Ihre große Geduld in dieser Beziehung bin und möchte gleich zu Anfang mitteilen, daß ich gehofft habe, ich würde in der Lage sein, Ihnen alles, was ich Ihnen schon lange schulde, zu bezahlen. Aber die Eingänge sind zum Herzzerreißen schleppend. Von den fünfzigtausend Dollar, die im Juni hätten eingehen sollen, habe ich knapp zwanzigtausend erhalten, und gerade jetzt laufe ich mir die Füße wund, um die Banken bei der Stange zu halten. Die Dinge stehen so schlecht, daß ich praktisch unmöglich ein definitives Versprechen abgeben kann. In ein paar Monaten werde ich in der Lage sein, Ihnen einen wesentlichen Betrag zu zahlen, aber in diesem Augenblick habe ich die größten Schwierigkeiten, uns über Wasser zu halten. (...) Die Arbeit hier draußen geht gut voran. (...) Haddon wird am 20. dieses Monats zu uns ins Lager kommen und etwa bis zum 5. September bleiben. Die finanziellen Sorgen haben meine persönliche Arbeit während dieses Sommers ernsthaft beeinträchtigt, aber dennoch sind unsere Fortschritte befriedigend.»

Im Herbst wieder zurück in New York, hatte Curtis eine Idee, wie man den Absatz des Werkes beleben könnte. Er unterbreitete sie eilends Hodge: «Ich füge Ihnen einen Entwurf für den von mir angeregten Brief an die Subskribenten und andere Interessenten bei», schrieb er am 30. Oktober. «Es ist unmöglich, im knappen Rahmen eines Briefes das Werk ausführlich darzustellen, und ich habe die Themen wie ein Wirbelwind nur gestreift, um auf dem kleinsten Raum möglichst viele Informationen unterzubringen. Bitte machen Sie Vorschläge in dieser Hinsicht.» Schon zwei Tage später läßt er einen beschwingten Brief an Hodge folgen: «Ich hatte gestern ein sehr angenehmes Gespräch mit Professor [H. F.] Osborn [vom ‹American Museum of Natural History›] und bin im Begriff, ihm zu schreiben, um ihm eine Übersicht über mein Arbeitsprogramm während des Winters und über meine Pläne für das nächste Jahr zu geben. In seinem Fall will ich tatsächlich den Brief benutzen, von dem Sie eben einen Entwurf bekommen haben. Auch könnte ich, wenn Sie keine Bedenken haben, für Professor Osborn eine Kopie von McGee's Rezension machen. Professor Osborn kann für uns gerade in diesem Augenblick, da er mit Mr. Morgan im Gespräch ist, ganz besonders wichtig sein, und ich muß alles einsetzen, was ich nur irgend vermag. Er ist schon jetzt sehr begeistert, aber ich möchte seine Begeisterung noch steigern, wenn das möglich ist. Dr. Haddon will sich durch Mr. Morgan ein Exemplar des Werkes für sich persönlich beschaffen, und ich werde erreichen können, daß er es in kurzer Frist bespricht. Haddons Brief an Osborn (...) hat unserer Sache enorm geholfen. Daß ich Haddon hier bei mir hatte, war das beste, was wir bisher tun konnten. Wenn alles gut geht, kann ich in den nächsten vier Wochen eine Begeisterungswelle für das Buch in Gang bringen, die auch das letzte bißchen Widerstand von Leuten wie Dorsey hinwegschwemmt, und in zehn Tagen werde ich Walcott [vom Smithsonian Institute] treffen und sein Interesse anheizen, so gut ich nur kann.» George Amos Dorsey war Kurator für die Abteilung Anthropologie am Field Museum in Chicago und Spezialist auf dem Gebiet der Indianerforschung.

Hodge hatte inzwischen bei einem der Zögernden Boden gewonnen, und Curtis antwortete auf die Nachricht davon: «Ich freue mich riesig, daß Sie ein vertrautes Gespräch mit Mr. Ayer aus Chicago geführt haben.» Der hatte noch zwei Jahre zuvor Zweifel gehegt, ob Curtis einem so großen Projekt gewachsen sei, und gesagt, es sehe so aus, «als versuche er, die Arbeit von fünfzig Männern allein zu machen.» Curtis fuhr fort: «Auch wenn es uns nicht gelingt, ihn völlig umzustimmen und für eine Subskription zu gewinnen, wäre es schön, ihn soweit auf unsere Seite zu ziehen, daß er wenigstens nicht gegen uns arbeitet. (...) Ich bekam gerade einen Brief von Dr.

Hermann ten Kate aus Genf in der Schweiz, der so schön ist, daß ich Ihnen eine Abschrift davon schicke, weil ich das Original wie einen Schatz hüten werde, damit meine Enkelkinder es eines Tages erben können; es ist eines der hübschesten Komplimente, die bisher geschrieben worden sind.»

Dr. ten Kate, ein Mitglied der Königlich-Niederländischen Geologischen Gesellschaft, hatte geschrieben: «Sehr geehrter Herr. Ich danke Ihnen sehr, daß Sie mir die Broschüre über ‹The North American Indian› geschickt haben. Obwohl ich schon eine Besprechung Ihres Buches gelesen hatte, entsprach doch die Vorstellung, die ich daraus gewann, nicht annähernd der Wirklichkeit. Sie tun etwas Großartiges, indem Sie nicht nur einer untergehenden Rasse ein bleibendes Denkmal setzen, sondern auch sich selbst. Ich bin mir gewiß, daß die Indianer Ihnen dankbar wären, wenn sie sich des Werts und Zwecks Ihrer Arbeit bewußt werden könnten – und einige von ihnen können es vielleicht. In gewisser Hinsicht stellt Ihr Werk einen Beitrag zur Wiedergutmachung des großen Unrechts dar, das unsere ‹überlegene› Rasse den Indianern angetan hat. Einige Stellen haben Sie ganz glänzend geschrieben, und wenn man sie liest, treten einem längst vergangene Tage des wilden Westens wieder vor Augen; mich überkamen große Sehnsucht und unwiderstehliche Trauer zugleich. Daß die Photographie eine Kunst im eigentlichen Sinn dieses Wortes ist, kann nicht mehr angezweifelt werden, wenn man die Bilder gesehen hat, die Ihren Text illustrieren (...).»

Der Aufenthalt im Osten in den letzten Wochen des Jahres 1909 wurde Curtis dadurch verschönt, daß er noch weitere anerkennende Äußerungen zu lesen bekam, die im Laufe des Jahres veröffentlicht worden waren. «Ein höchst bemerkenswertes und gelehrtes Werk über die nordamerikanischen Indianerstämme von Edward S. Curtis», sagte der ‹Baltimor Sun› vom 8. April bei der Besprechung des Werkes, das die Bibliothek des Peabody-Instituts gerade erhalten hatte. Es gibt keine Lebensgewohnheit – und seien die darüber bekannten Einzelheiten noch so geringfügig –, die hier nicht auf ungewöhnliche und ansprechende Art und Weise dargestellt würde. (...) Es wird ein unschätzbar wertvoller Beitrag für jede öffentliche Bibliothek sein; und wenngleich das Buch wegen seiner sachlichen Information Wissenschaftler, besonders Anthropologen, mehr interessieren wird als Laien, ist es doch nicht in dem trockenen und langweiligen Stil geschrieben wie die meisten wissenschaftlichen Werke, sondern ungezwungen und gut zu lesen und hat von der ersten bis zur letzten Seite Großzügigkeit und Charme in Ausdruck und Anlage.» – «Schliff, Stil und vollendete Aufmachung dieser Bände übertrifft bei weitem alles, was wir je in dieser Bibliothek gesehen haben», urteilte der vom ‹Kansas City Star› zitierte Bibliotheksassistent an der Londoner Guildhall-Bibliothek, nachdem dort die drei letzten Curtis-Bände eingetroffen waren. «Diese Bücher haben immensen Wert und einzigartigen Charakter, so daß sie nicht, wie sonst üblich, in die Regale der Bibliothek eingestellt, sondern Studenten und anderen Interessenten nur auf besonderen Antrag zugänglich gemacht werden.»

Am 10. Dezember hatte Curtis, der mit J. Pierpont Morgan wegen weiterer finanzieller Unterstützung verhandelt hatte, große Neuigkeiten für Hodge. «Vor ein paar Tagen», schrieb er, «erhielt ich eine günstige Entscheidung von Mr. Morgan in der Frage einer weiteren Kapitalausstattung für das Indianerwerk. Das geht nun in Ordnung, und das Geld wird verfügbar sein, sobald die entsprechenden Dokumente usw. aufgesetzt sind. Mir ist dies aus mehreren Gründen besonders willkommen; das zusätzliche Geld wird eine ungeheure Hilfe sein, und die Tatsache, daß Mr. Morgan dies für uns tut, beweist, daß er mit dem bisher Erreichten zufrieden ist und an dessen Wert glaubt. Nach meiner Ansicht hat er diese Entscheidung auch nicht ohne genaue Überlegung und ohne Nachforschungen getroffen. Es ist wohl unzweifelhaft, daß Dr. Osborns Gutachten über den Wert des Werkes bei Mr. Morgan erhebliches Gewicht zukommt. Ich glaube nach wie vor, daß Osborns Einfluß diesmal die Situation gerettet hat (...).»

Im Dezember stattete Hodge dem Chef des Bureau of American Ethnology beim Smithsonian Institute einen Besuch ab und überbrachte ihm Glückwünsche von Curtis. «Ich habe das Gefühl,

Das Zeltlager des Verfassers bei den Spokan. Im östlichen Washington, an den Ufern des Spokane-Flusses, wohnten drei kleine Stämme, die den gemeinsamen Namen Spokan führten, die sich aber, je nach der Lage ihrer Siedlungen am Flusse, in Ober-, Mittel- und Nieder-Spokan unterteilten.

alles ist so, wie es sein sollte», schrieb Curtis, «und ich glaube, ich bin ebenso glücklich darüber, wie Sie es sein können.» Am Ende des Jahres sandte Curtis an Hodge einen Scheck über 2037 Dollar: «Ich hoffe, daß das zu einem ersprießlichen Start ins neue Jahr beiträgt. Jetzt noch eine andere Sache: Wie Sie wissen, halte ich nach jemand Ausschau, der bei der Arbeit draußen mitmacht und vor allem Strong ersetzt, der sich im Frühjahr zurückziehen will. Strong hat mir einen Mann namens Jeancon aus Colorado Springs genannt, der eine Zeit lang die Höhlenbewohner in Manitou betreute und im Südwesten gut bekannt ist. Hewitt kennt ihn, aber es ist vielleicht besser, wenn wir Hewitt vorerst nicht wissen lassen, was wir mit diesem Mann vorhaben. Strong hat von ihm erzählt, daß er Deutsch, Französisch und Spanisch spricht und praktisch jeden Indianer im ganzen Rio Grande-Land kennt. Wenn nichts gegen diesen Mann spricht, scheint es mir ratsam, ihn mindestens für ein Jahr auf Probe zu nehmen. Lassen Sie mich wissen, was Sie über diese Sache denken – und, falls Sie irgendwelche persönliche Kenntnis über ihn haben, informieren Sie mich bitte über alles.»

Die ersten drei Wochen des Jahres 1910 waren vergangen, als Curtis wieder im ‹Fernen Westen› eintraf, um sich auf eine neue Saison harter Außenarbeit vorzubereiten. «Dies ist mein zweiter Tag aktiver Arbeit im Blockhaus», schrieb er «Meinem lieben Hodge» am 23. Januar von der Siedlung Waterman in Kitsap County, Washington. «Wir sind dabei zu organisieren und können das

Uhrwerk schon sofort ticken lassen. Sie werden wahrscheinlich von Zeit zu Zeit von uns hören, da wohl eine Menge Fragen auftauchen werden.» Einige der Probleme, mit denen er während seines Aufenthalts im Osten zu tun gehabt hatte, beschäftigten Curtis auch jetzt noch. «Als wir uns in Washington sprachen», heißt es weiter, «sagten Sie, es sei möglich, Mr. ten Kate für die Besprechung des Werkes zu gewinnen. Die Frage war allerdings, wie er in den Besitz der Bücher gelangen könnte. Wenn er tatsächlich daran dächte, sie zu besprechen, dann würde ich nur allzu gerne die Versandkosten von, sagen wir, zwei Bänden und einer Mappe in Kauf nehmen. Das Porto für Hin- und Rücksendung würde praktisch nicht ins Gewicht fallen, aber eine Rezension von ihm würde uns sehr helfen. Ich sähe gerne, wenn Sie ihm schrieben und in Erfahrung brächten, wie er darüber denkt. (...) Ich wünschte nur, ich könnte Sie für zwei Wochen aus Ihrem Büro stehlen und hier in unser Blockhaus einsperren. Wir sind von der Welt abgeschlossen, und das Wetter ist alles andere als winterlich – jedenfalls von Ihrem geographischen Standort aus gesehen. Unser Lagerplatz ist bestimmt so lustig, wie man ihn sich bei diesem Wetter nur wünschen kann – einem Wetter, das am besten für Wasservögel geeignet wäre.

Eine Notiz von Myers aus diesen Tagen – sie ist mit zierlicher Handschrift auf gelochtes Notizblockpapier geschrieben – gibt uns einen Fingerzeig auf die Art der Arbeit, die im Blockhaus vonstatten ging, während der Regen auf das Dach trommelte: «Sehr geehrter Mr. Hodge,» schrieb Myers höflich, «wenn Wissler [Professor Clark Wissler von der Yale-Universität] irgendetwas über die Blackfootindianer veröffentlicht haben sollte, was jüngeren Datums ist als seine einführende Skizze und seine Mythologie (beides haben wir hier), senden Sie uns doch bitte ein Exemplar davon. Hochachtungsvoll W. E. Myers.»

Im März war das Arbeitsteam immer noch tief in seine Heimarbeit vergraben, als Myers am 10. März 1910 – wiederum auf sein Notizblockpapier und mit säuberlicher Handschrift – eine neue Bitte an Hodge richtete. «Könnten Sie wohl an Chamberlain schreiben und fragen, was er von dem Wort ‹Kutenai› denkt? Er bringt es als einen Namen, den der Stamm auf sich selbst anwendet. Aber die Kutenai am Flathead See in Montana behaupten hartnäckig, daß das Wort nur von den anderen Indianern, nicht hingegen von ihnen selbst gebraucht würde und daß ihr richtiger Name ‹Ksanka› sei. Wenn die Tunaha-Indianer zu der Gruppe der Salishan gehören – und ihre Sprache macht dies wahrscheinlich –, dann wird das, was mir als ziemlich sicherer Ursprung für ‹Kutenai› schien, doch fraglich – vorausgesetzt, Chamberlain [der Anthropologe Alexander Francis Chamberlain] hat recht, wenn er sagt, es sei ein Kutenai-Wort. Ich habe vor einiger Zeit einmal an Chamberlain geschrieben, ihm eine Reihe von Kutenai-Wörtern mit meinen wahrscheinlichen oder vielleicht auch unwahrscheinlichen Ableitungen unterbreitet und ihn um seine Meinung gefragt, aber eine Antwort habe ich nicht erhalten. Geizt er vielleicht inzwischen mit seinem Wissen? Ich wüßte gern, was er darüber zu sagen hat, und wenn Sie in Ihrem Brief zur oben erwähnten Frage noch einmal wegen der alten Angelegenheit nachbohren und ihn zu einer Antwort ermuntern würden, wäre ich Ihnen sehr dankbar.»

Mitte Juni hatten Curtis und seine Mannschaft einen Abschnitt ihrer Außenarbeit abgeschlossen und waren bereit, einen neuen zu beginnen. «Wir haben entlang des Columbia-Flusses, am Willapa Hafen und am Quinault gearbeitet», schrieb Curtis an Hodge am 18. Juni – auf Notizblockpapier wie Myers – «und brechen jetzt für etwa zwei Monate nach Vancouver Island auf. Was wir bis jetzt darüber in Erfahrung bringen konnten, ist nicht sonderlich erhellend. Ich glaube, unsere Recherchen an Ort und Stelle werden uns schon besser weiterhelfen. Myers machte einen Abstecher nach Victoria in der Hoffnung, dort ein paar Erkundigungen über unser Arbeitsgebiet einziehen zu können. Aber die Leute in dieser Stadt scheinen über die Insel völlig uninformiert zu sein. (...) Sie erzählen, daß die Jahreszeit für uns ungünstig sei, da die Indianer alle weg seien. Ich hoffe aber, daß wir hier und dort wenigstens etwas finden werden und uns bis zu unserer Rückkehr immerhin ein allgemeines Bild verschaffen können. Myers wird sofort nach dem Osten aufbrechen, sobald unsere Vancouver Island-Expedition beendet ist, und dann ist er frei, um bei der Herstellung des Buches mitzumachen; deshalb fördern Sie bitte die Manuskriptarbeit nach besten Kräften. Wir werden Anfang September zum Korrekturlesen bereit sein.»

Curtis' Expedition nach Vancouver Island und die anschließende Zeit gaben seiner Abenteuerlust reichlich Nahrung. Er befuhr nämlich den strudelreichen Columbia-Fluß auf der gleichen Route, die Lewis und Clark im Jahr 1805 genommen hatten. «Ich wollte die Gegend vom Wasser aus sehen und studieren, wie es vor mehr als hundert Jahren Lewis und Clark mit ihren Begleitern getan hatten. Ich wollte kampieren, wo sie kampiert haben und den Pazifik mit den Augen dieser unerschrockenen Entdecker näherkommen sehen.»

Das Boot, mit dem Curtis sich auf die Reise begab, war viel anspruchsloser als das von Lewis und Clark. Es war ein kleines, flaches Ding mit breitem Heck und spitzem Bug, von einem Benzinmotor angetrieben, der kaum genügend Kraft hergab, um das Boot am Ruder zu halten – und das, obwohl die Fahrt stromabwärts ging. Als Paketboot benutzte Curtis ein großes indianisches Kanu. In seiner Begleitung befanden sich Myers, Schwinke, Noggi (der Koch) und ein Veteran unter den Columbia-Fluß-Lotsen, der die Fahrt noch einmal machen wollte, ehe er seinen Beruf an den Nagel hängte. «Als wir stromabwärts fuhren, machten Myers und ich Notizen, spähten nach Landeplätzen aus oder besichtigten alte Siedlungen. Schwinke stellte seine Schreibmaschine auf eine Kiste und hämmerte jeweils die Notizen vom Vortage herunter. An manchen Tagen hielten uns Strom-

Yakima Junge. Die auffälligsten Charaktereigenschaften der Yakima sind Eigensinn, Arroganz und ein mürrisches Wesen, womit sie sich erheblich von der Gutartigkeit vieler anderer eingeborener Stämme unterscheiden.

Am Meeresstrand – Chinook. Eine alte Chinook Frau mit Stab und Muschelkorb bahnt sich langsam ihren Weg über die schlammigen Bänke am Südende der Shoalwater Bay in Washington. Catherine Hawks mit dem indianischen Namen Chiish, das heißt ‹Tragekorb›, ist eine der wenigen Überlebenden aus dem volkreichen Stamm, der einst einen Teil des Staates Washington – und zwar das Gebiet, das sich von der Mitte der Shoalwater Bay bis zum Columbia-Fluß erstreckt – bewohnte.

schnellen in Atem und wir waren voll damit beschäftigt, uns aufrecht zu halten. Nachts bezogen wir unser Lager am Ufer. Manchmal griffen wir einen alten Indianer auf und nahmen ihn ein paar Tage lang mit.»

In Celilo Falls, wo der Fluß über eine achtzig Fuß hohe Klippe hinabstürzt, hatte die Gesellschaft einige Mühe, das Boot auf einen Tieflader zu bringen, der von einer kleinen Lokomotive zum schiffbaren Wasser unterhalb der Fälle gezogen wurde. «Der Weg führte einen Abhang hinunter ins Wasser, und der Wagen mußte hinunter gelassen werden, bis er zum Teil unter Wasser stand», berichtete Curtis und fügt hinzu, daß um diese Zeit gerade Hochwasser war, was die Operation erschwerte. Curtis arbeitete im Wasser, während die anderen vom Ufer aus an Seilen zogen. Sie konnten wegen des Getöses der Wasserfälle aber seine Anweisungen nicht hören, und er schwamm deshalb ans Ufer, um sich verständlich zu machen. Da fand er Noggi, der nicht mehr an seinem Seil anpackte, sondern weinend auf der Erde saß. «Um Himmels willen, was ist los mit dir?» fragte Curtis. «Sie werden noch ertrinken», schluchzte Noggi.

Dort, wo der Columbia-Fluß zum letzten Mal durch die Kaskaden stürzt, bevor er zum Meer hinfließt, konnten sie die schlimmsten Wasserfälle mit Hilfe von Schleusen bewältigen, aber unterhalb dieser Fälle kamen noch etliche Meilen eines strudelreichen, reißenden Chaos, das durch die Frühjahrsregenfälle noch gefährlicher geworden war. «Als wir an den Schleusenausgang kamen, machten wir an der Betonmauer für ein kurzes Geplauder mit dem Schleusenwärter und seinen Leuten Rast. Einige von ihnen kannten den alten Kapitän, und wer ihn nicht persönlich kannte, dem war er doch vom Hörensagen als der kühnste und erfolgreichste unter den alten Flußkapitänen vertraut. Der Schleusenwärter riet ihm dringend, die Stromschnellen zu dieser Jahreszeit zu meiden. Der Fluß hätte höchsten Wasserstand, sagte er, und während er etwas mißbilligend Curtis'

Boot musterte, fügte er warnend hinzu: ‹Die Strömungen haben sich seit Ihrer Zeit verändert!›» Unterdessen hatte Curtis den Bootsmotor angeworfen. «Ich hoffte fast ein bißchen, der Kapitän würde dem Rat des Schleusenpersonals folgen, aber seine Antwort war nur ein unverständliches Grunzen. Er kam zu mir und wollte wissen, ob der Tee-Kessel koche: ‹Wenn ja, dann vorwärts, marsch!›»

Als das Boot in die Strömung trieb, rief der alte Kapitän Curtis, der am Bugruder saß, zu: «Junge, das ist keine Seefahrt, das ist ein Boxkampf! Wenn der alte Fluß nur einen Schlag bei uns landet, dann sind wir erledigt. Halte das Boot auf den Wellenkämmen, laß uns nicht in einen Strudel geraten!» Beim ersten Sturz in die Brecher, so berichtet Curtis, «bockte das Boot wie ein wildes indianisches Pony. Es stellte sich auf seine Hinterbeine; es bohrte sich kopfüber in einen gähnenden Schlund, dann schoß es wieder mit einem Ruck seitwärts, so daß ich fast über Bord flog. Wir ritten auf einer langen hohen Welle, die eher ein Gebirgskamm war. Wenn wir uns mühten, den Strudeln zu unserer Rechten auszuweichen, wären wir um ein Haar in einen solchen auf der linken Seite geraten, und als wir an diesem vorbeischossen, kam schon wieder einer rechts, groß genug, um drei Boote von der Größe des unseren auf einmal zu verschlingen. Im Vorbeifahren sahen wir, wie ein Baumstamm von dem Wirbel erfaßt wurde. Er richtete sich senkrecht auf und verschwand in der Flut.» Dann wurde das Wasser ruhiger und sie zogen ihr Boot ans Ufer, um

Abbildung auf Seite 66:
Abend am Columbia-Fluß. Im Hintergrund ein Ausläufer der Cascade-Berge.

Der Fischer – Wishham. Am mittleren Lauf des Columbia-Flusses wurden – und werden heute noch – an den Stellen, wo steile Ufer und Wasserstrudel diese Methode möglich machen, Lachse mit einem Tauchnetz gefangen, das an einem langen Stil befestigt ist. Bei günstiger Saison kann ein Mann in wenigen Stunden mehrere hundert Lachse einfangen – jedenfalls so viel, wie die Matronen und Mädchen seines Haushalts an einem Tage verarbeiten können.

etwas auszuruhen. Schwinke sagte, der Ritt habe sieben Minuten gedauert. «Zur Feier des Tages kauften wir an jenem Abend von einem Fischer einen großen Chinook-Lachs und veranstalteten ein Fest», schrieb Curtis. «Es war der fetteste, wohlschmeckendste Lachs, den je ich aß. Wir aßen, bis außer Gräten nichts mehr übrig war!»

Als die Gesellschaft den Willamette-Fluß erreichte, rollte Noggie schweigend seine Matratze zusammen und verschwand. Und der alte Kapitän, der den Fluß noch ein letztes Mal hatte hinunterfahren wollen, entschloß sich, während Curtis in der Nachbarschaft arbeitete, nach Portland zu gehen, um dort Freunde zu besuchen. Curtis sah ihn niemals wieder. Als sie schließlich an den Pazifik kamen, gaben sie, wie Curtis es beschreibt, ihr teures, aber unklassifizierbares kleines Schiff einem ruhmlosen Ende preis, indem sie es in die Strömung schwimmen ließen, «damit es hinaustreibe, bis es den großen Brechern des Ozeans begegnen und in Stücke geschlagen würde.»

Für die Reise über die bewegten Gewässer des Nord-Pazifiks kaufte Curtis in Seattle ein größeres Schiff, die ‹Elsie Allen›, 12 m lang und an der breitesten Stelle 3,30 m breit. Das neue Boot, das ein Skokomish-Indianer sich für den Lachsfang in der Straße von Juan de Fuca gebaut hatte, war mit einem Benzinmotor ausgerüstet und hatte außerdem «genug Segelfläche zum Kreuzen». «Die Besatzung auf unserer Kreuzfahrt mit der ‹Elsie Allen›», schrieb Curtis, «bestand aus Mr. Myers, Mr. Schwinke, Henry Allen – unserem indianischen Kontaktmann – und einem Koch.» Bei Victoria verließen die Männer die heimischen Gewässer und steuerten Cowichan am Südzipfel von Vancouver Island an. «Die Arbeit an dieser Stelle versprach keine aufregenden Ergebnisse, aber sie sollte einen wichtigen Grundstock für die zwei Bände erbringen, die diese Insel behandeln», berichtet Curtis. Die Reise wurde etwas abwechslungsreicher, als sie durch die Straße von Juan de Fuca zurückgesegelt waren, nachdem die Arbeit bei zwei Stämmen auf der seewärts gelegenen Seite von Vancouver Island beendet war. Nunmehr befanden sie sich in der Enge von Seymour, einem jener Labyrinthe von Wasserwegen, die die Inlandsverbindung zwischen Vancouver Island und dem Festland bilden. Gar manches Schiff oder Kanu ist ein Opfer des Felsens geworden, der in der Mitte des Kanals aus dem Wasser ragt. Er hat schon hohen Tribut an Menschenleben gefordert.

«Mein Plan war, südlich der Enge zu ankern, einen indianischen Lotsen an Bord zu nehmen und dann auf niedrigen Wasserstand zu warten, bevor wir die Durchfahrt versuchten», schreibt Curtis. Die Frage, wo man Anker werfen sollte, wurde allerdings urplötzlich ganz bedeutungslos, da nämlich «der reißende Strom der voll einsetzenden Flut das Boot ergriff, dessen Motorkraft nicht reichte, um gegen die Strömung anzukommen. Welcher Art die Gefahren einer Durchfahrt durch die Meerengen im ungünstigsten Augenblick der Flut auch immer sein mögen – wir waren jedenfalls mitten drin und es gab kein Zurück mehr.» Für Curtis war das gefundenes Fressen. «Im Innersten meines Herzens war ich glücklich bei dem Gedanken, daß wir keinen indianischen Lotsen hatten und daß wir die gefährliche Strecke durch die Meerengen gerade dann bewältigen mußten, als die Flut am heftigsten tobte. Ich nahm unserem Eingeborenen das Ruder ab und sagte ihm, er solle unter Deck gehen und nach dem Motor schauen.» Während Mr. Myers wie in Trance an seiner Seite saß, kämpfte Curtis am Ruderrad, als das Schiff in Richtung auf den Felsen getrieben wurde. «Als wir erst in dem Wirbel drin waren, hatte ich kaum noch Kontrolle über unseren Kurs. Manchmal drehten wir uns wie ein Kreisel. Unser Bug zeigte mal hierhin, mal dorthin; aber wir flogen nur so dahin. Als wir an dem großen Fels in der Mitte der Enge vorbeibrausten, schlugen die Brecher und die Gischt über unser Deck. Es schien uns, als hätten wir den Felsen nur um ein paar Zentimeter verfehlt.» Myers wischte sich das Wasser aus den Augen und bemerkte lakonisch: «Also, Chef, nachdem ich erst schon die abenteuerliche Fahrt auf dem Columbia Fluß und jetzt auch die Durchfahrt durch die berüchtigte Enge von Seymour bei Hochflut überlebt habe, bin ich fast überzeugt, daß das eine sehr zauberkräftige Hasenpfote ist, die Sie bei sich tragen.»

Als sie weiter nordwärts vordrangen, erlebten sie eines Abends, während sie in einer engen, zwischen Bergen sich windenden Wasserstraße vor Anker lagen, ein Abenteuer ganz neuer Art.

«Unser Schiff lag nahe an einer Felsklippe», schreibt Curtis. «Wir hatten gerade unsere Abendmahlzeit beendet, faulenzten ein bißchen an Deck herum und betrachteten die unheimliche Landschaft, die uns umgab. Die schwermütig-düsteren Felsgipfel standen wie Türme vor den Wolkenbergen. Vor uns, wo die Meerenge den Blick frei gab, sahen wir die Wolken aufreißen und die schneebedeckten Gipfel im rosa Licht eines nördlichen Sonnenuntergangs glitzern. Wir meinten, aus einer endlos tiefen Höhle ins Paradies zu schauen. Um uns her herrschte eine Stille, so tief, daß man sie zu hören glaubte.» Plötzlich war von weit her ein Geräusch zu vernehmen, zunächst schwach, aber es wurde schnell stärker. «Erst schien es dem Knattern und Summen zu gleichen, wie es bei Nordlicht zu hören ist.» Als sie voller Spannung auf die nördliche Zufahrt zum Kanal hinausspähten, waren sich alle einig, daß das Geräusch von dem starken Motor eines Schnellbootes herrühren müsse. «Auf einmal kam, vielleicht eine halbe Meile weit weg, um eine Windung des Kanals herum ein riesiger Wal mit schier unglaublicher Geschwindigkeit angeschossen. Als er näher kam, erkannte ich, daß es sich um einen Blauwal mit einer Länge von mindestens 25 m handelte. Von Zeit zu Zeit peitschte er spielerisch die Wasseroberfläche mit seinem Schwanz. Der Knall, den diese Schläge auf das Wasser in dem tunnelähnlichen Kanal verursachten, war hundertmal stärker als die Fehlzündung bei einem Automobil.» Als der Wal um die nächste Biegung verschwand, wurde den Männern, die wie gebannt zugeschaut hatten, klar, daß sie Zeugen eines Schauspiels geworden waren, wie es wohl nur wenige jemals zu sehen bekommen hatten. Curtis berichtet weiter: «Die ungewöhnliche Geschwindigkeit und die wiederholten hohen Sprünge waren überhaupt nur dadurch möglich, daß der Wal mit der außerordentlich schnellen Strömung schwamm. Der Kanal war gekrümmt und die Kurven sehr eng. Wie der Wal es bei diesem verrückten und offenbar übermütigen Tempo geschafft hat, in den Windungen des Kanals ohne Kollision an den Felsen vorbeizukommen, war fast ein Wunder.»

Dem Ethnologen in Curtis dürfte es eine besondere Befriedigung bereitet haben, nach Fort Rupert zu kommen, das kurz vor der Grenze nach Alaska liegt. Dort wollte er die Arbeit bei den Kwakiutl-Indianern beginnen. «Da ich wußte, daß diese Gruppe von Indianerstämmen noch ein ganz ungewöhnlich primitives Brauchtum pflegt, waren meine Erwartungen besonders hochgespannt.» Als wir dann in der seichten Bucht, an der das Kwakiutl-Dorf liegt, Anker warfen, sahen wir eine einzige Reihe von Behausungen, aus denen die Siedlung bestand. Es waren ziemlich rohe Holzbauten, deren Giebelseite zur Küste hin zeigte. Es gab auch noch ein paar verstreute Totem-Pfähle und geschnitzte Hauspfosten. Viele große und schön dekorierte Kanus waren auf Land gezogen und lagen am Ufer.»

Als Curtis an Land ging, kam ihm George Hunt entgegen, den er brieflich als Dolmetscher engagiert hatte. «Er erwies sich als der wertvollste Dolmetscher und Führer, der uns während unserer dreißigjährigen Forschungsarbeit je begegnet ist. Er war groß, kräftig gebaut und hager; mehr als sechzig Jahre harter Schicksalschläge, Intrigen, Ausschweifungen und der Alkohol hatten sein Haar ergrauen lassen.» Er war der Sohn eines dickköpfigen Schotten, der in Fort Rupert Faktor der Filiale der Hudson Bay-Compagnie gewesen war; seine Mutter war eine sehr intelligente Indianerin. Als kleiner Junge hatte er sich selbst das Lesen beigebracht, indem er begann, die Schilder in der Faktorei nachzuzeichnen. Und davon ließ er sich auch dann nicht abbringen, als sein Vater es ihm verbot und seinem Verbot mit einem harten Schlag auf den Kopf seines Sohnes Nachdruck verlieh. Hunt war ein so erfolgreicher Autodidakt, daß er selbst ein Buch über die komplizierte Mythologie seines Stammes, der Kwakiutl-Indianer, schreiben konnte. «Neben dem unvergleichlichen Werk von Sequoyah, der das Cherokee-Alphabet geschaffen hat, ist George Hunts Buch über die Mythen der Kwakiutl vielleicht die hervorragendste Leistung, die ein Eingeborener ohne Schulbildung je erbracht hat», urteilt Curtis.

Hunt bekam manchmal – vielleicht infolge einer Hirnverletzung, die er als Knabe durch jenen Schlag seines Vaters erlitten hatte – unerklärliche Anfälle einer mörderischen Wut. «Anfangs wußte

Geschnitzte Pfähle in der Alert Bay. Auf diesen zwei Wappen-Säulen in dem Nimkish-Dorf Yilís auf Cormorant Island hat der Hauseigentümer seine Familienwappen dargestellt: das väterliche, einen Adler, und das mütterliche, einen Grizzly-Bären, der das Haupt eines Rivalen-Häuptlings zerschmettert.

George Hunt in Fort Rupert. Von Hunt schrieb Curtis: «Von Veranlagung her wissensdurstig und lernbegierig und mit einem ausgezeichneten Gedächtnis begabt, beherrschte er sowohl die komplizierten zeremoniellen und schamanenähnlichen Bräuche dieser Völker als auch ihre Mythologie und ihre ökonomischen Traditionen so vollkommen, daß dieser Mann, was unsere Kenntnis der Kwakiutl-Indianer betrifft, heute als erste Autorität gelten muß. Ohne je die Schule besucht zu haben, kann er bis in die kleinste Einzelheit über die indianischen Bräuche in der Sprache der Eingeborenen referieren und Wort für Wort in verständliches Englisch übersetzen.»

Oktopus-Fänger – Kwakiutl. Der Jäger hat eine Höhle gefunden und stochert mit einem spitzen Stab in ihr herum, bis er den harten Teil des Oktopus-Körpers erfühlt und den Stab hineinstoßen kann. Der Oktopus, dergestalt tödlich verwundet, kommt heraus, und der Jäger wirft ihn auf das Ufer oder in sein Kanu. Der Oktopus muß dann sofort getötet werden, indem man ihn gegen die Felsen schlägt, sonst ist das Fleisch nicht genießbar.

ich nichts von dieser extremen Erregbarkeit, die an Geisteskrankheit grenzte», schreibt Curtis. «Ich lernte jedoch bald, die Vorboten solcher Zustände von Unzurechnungsfähigkeit zu erkennen, und schlug dann sofort vor, wir wollten doch zum Fischen gehen oder seine Fallen kontrollieren. Aber es kam auch vor, daß seine Wutanfälle ohne Vorwarnung auftraten. Bei einer solchen Gelegenheit kamen einmal Einheimische zu mir gerannt und erzählten, George habe einen seiner Anfälle und drohe, mich zu töten.» Sie drangen in Curtis, er solle sich verstecken. «Das konnte ich selbstverständlich nicht tun», berichtete er weiter, «denn George war mein Freund. Ich ging also zum Strand hinunter und traf ihn dort. Es gelang mir bei dieser Gelegenheit, ihn zu beruhigen, aber es war mir klar, daß dies nicht der letzte Fall dieser Art gewesen sein würde. Bei der Erforschung der Kwakiutl arbeitete ich mit ihm fast vier ganze Sommer lang. Der Erfolg dieser Arbeit wog alles, was ich dabei an Geduld und Takt investieren mußte, bei weitem auf. (...) Ohne seine außergewöhnliche Hilfe», faßt Curtis sein Urteil zusammen, «wäre das Material für Band 10 niemals zusammen gekommen.»

Wahrscheinlich hat Hunt Curtis auch einmal das Leben gerettet, und zwar in einer Lage, in die sich Curtis dadurch, daß er den Indianern immer alles nachmachen wollte, selbst gebracht hatte. In diesem Falle wollte er einen Oktopus oder – wie die Indianer ihn nannten – ‹Teufelsfisch› fangen. In diesen Gewässern an der Küste von Britisch Kolumbien gab es die größten auf der ganzen Welt. Hunt hatte Curtis vom Fang eines Oktopus erzählt, der 12 Meter gemessen habe. Die Indianer, die eine tief eingewurzelte Furcht vor diesem grotesken Lebewesen hatten, wußten haarsträubende Geschichten von den Teufelsfischen zu erzählen: Wie sie in Kanus hineingegriffen und die Insassen ins Wasser gezogen hätten, und zwar mit solcher Plötzlichkeit, daß zur Verteidigung gar keine Zeit mehr blieb. Ein alter Indianer berichtete von einem Teufelsfisch, der sich mit zwei Fangarmen an die beiden Dollbords seines Kanus angeklammert und dann mit einem dritten seine Schwester gepackt hätte. Solches Wissen von den Kraken, das wohl die meisten Männer zu einer gewissen Zurückhaltung veranlaßt hätte, vermochte Curtis nicht von dem Wunsch abzubringen, einen zu fangen und auf die gleiche Art zu bezwingen, wie die Indianer das taten. Die Tiere leben in Höhlen unter großen Felsen und so weit vom Ufer entfernt, daß sie bei Ebbe nicht aufs Trockene geraten. «Die Methode, mit der die Kwakiutl sie fangen», beschreibt Curtis, «besteht darin, bei Ebbe im flachen Wasser zu waten und die Wohnhöhle eines Oktopus auszumachen, die man leicht an den Haufen von Schalen erkennen kann, die in der Nähe herumliegen», da die Hauptnahrung dieser Tiere aus Schalentieren und Krebsen besteht. «Der Jäger oder Fischer ist mit einer langen dünnen Rute oder Stange ausgerüstet. Sobald er eine bewohnte Höhle entdeckt hat, stößt er mit dem Stab in das Loch unter dem Felsen. Wenn er das Tier genügend in Unruhe versetzt hat, zieht er seinen Stab heraus und wartet ganz still das Weitere ab. Der Teufelsfisch denkt sich, es sei besser, sich an einen sichereren Platz zu begeben, und kommt zu diesem Zweck langsam aus seinem Versteck heraus. Zuerst erscheinen die Spitzen seiner Fangarme. Dann kommt er mit größter Vorsicht unter dem Felsen hervorgekrochen. In dem Augenblick, da sein ganzer Körper frei ist, geht er mit einem Mordstempo auf und davon. Dabei ist erstaunlich, wie schnell er seine Höchstgeschwindigkeit erreicht. Der eingeborene Fischer ergreift das Tier mit einer katzenartigen Bewegung und wirft es sofort auf den Strand. Der Erfolg hängt allein von der Schnelligkeit der Bewegung ab, denn der Oktopus muß gegriffen und weggeschleudert werden, bevor er Zeit hat, seine Fangarme einzusetzen.»

Während George Hunt am Strand saß und zusah, watete Curtis bis an die Hüften ins Wasser – was schon unvernünftig weit war – und fand auch eine verdächtige Höhle. «Ich stocherte mit meiner Stange darin herum und harrte der Dinge, die da kommen sollten. Als der Oktopus aus seinem Schlupfwinkel hervorgekrochen kam, war er so riesig, daß mir ein eiskalter Schreck in die Glieder fuhr. Weil ich aber nicht wollte, daß ein Eingeborener mich für einen Feigling hielt, wagte ich trotzdem den Griff.» Aber leider ohne den gewünschten Erfolg: «Das Wasser war zu tief und der Oktopus zu schwer. Vielleicht», so gestand Curtis ein, «griff ich auch zu ungeschickt und zaghaft zu. Jedenfalls flog das Biest nicht an Land, sondern ich war von ihm gefangen. Einige seiner Fangarme hielten sich an dem Felsblock fest, während sich die anderen um meine Beine schlangen. Ich war so fest verankert, wie wenn man mich mit Gummiseilen gefesselt hätte. Je verzweifelter ich mich zur Wehr setzte, um so fester wurde der Griff des Tieres.» Für Curtis, den Möchtegern-Bezwinger des Teufelsfisches, wurde die Lage schnell recht prekär. «Ich trug hohe, bis zu den Hüften reichende Gummistiefel, und an diesen ließ er seine Wut aus und schnitt zahllose Löcher in den Gummi», berichtet er, wobei er darauf hinweist, daß die Schneidewerkzeuge des Oktopus «papageienschnabelartig und mit einer rasiermesserscharfen Schneide versehen» gewesen seien. «Hilfe!» schrie Curtis, während die schnell steigende Flut ihn immer tiefer im Wasser stehen ließ. «Dieses verdammte Ding will mich ertränken!» Hunt hatte am Strand gesessen und sich vor Lachen ausgeschüttet, merkte nun aber plötzlich, wie ernst die Situation war, und eilte Curtis rasch zu Hilfe. «In dem Augenblick stieg das Wasser bereits über meine Schultern», erzählt Curtis. «George hatte den Oktopus nicht gesehen und sich infolgedessen gar nicht klargemacht, in welcher gefahrvollen Lage ich mich in Wirklichkeit befand. Jetzt aber erschrak er selbst, und gleich wurde der mutige und tüchtige indianische Jäger in ihm lebendig. Mit seinem Jagdmesser tauchte er in das trübe Wasser, um die kritische Stelle am Körper des Oktopus auszumachen. Beim ersten und auch beim zweiten Versuch verfehlte er ihn, aber beim dritten gelang es ihm, das Tier aufzuschlitzen, und die schraubstockgleichen Fangarme begannen ihren Zangengriff zu lockern (...).» Als sie das Untier ans Ufer gezogen hatten, stellten sie fest, daß es von einem Ende bis zum anderen über drei Meter maß. «Und du warst so dumm zu glauben, du könntest einen Teufelsfisch von dieser Größe in tiefem Wasser fangen», spottete Hunt.

In den vier Sommern bei den Kwakiutl bewunderte Curtis ganz besonders die Art, wie sie Wale fingen. Das war für ihn «das Kühnste und Gefährlichste von allem, was die Indianer überhaupt machen. Wenn die Eingeborenen in ihrem gebrechlichen Kanu einen Wal, das größte unter allen lebenden Tieren, fangen, dann ist das ein ganz waghalsiges Unternehmen.» Bevor die Kwakiutl sich in die ungewissen Gefahren des Walfangs – und dies oft auch noch in stürmischster See – begaben, riefen sie die Geister um Hilfe an. Die Walfang-Saison begann im Mai, aber mit den geheimen rituellen Vorbereitungen, zu denen intensive Reinigungszeremonien gehörten, begannen sie bereits im vorhergehenden Oktober. «Es gelang uns schließlich, die Mauer von Geheimnissen zu durchbrechen und nicht nur die Einzelheiten des okkulten Zeremoniells, das dem Walfang vorausgeht, zu erfahren, sondern auch – was uns ebenso wichtig war – die Legende zu ergründen, auf die das Ganze zurückgeht», schrieb Curtis.

Er hatte zuvor schon gerüchtweise gehört, daß die Walfänger eine Mumie in den Bug ihres Kanus setzten, aber erst nach Monaten erhielt er eine Bestätigung dafür, und mußte daraufhin einen Stoß von Notizen entsprechend korrigieren. Nachdem erst einmal diese Katze aus dem Sack gelassen war, bekam Curtis die Erlaubnis, an einigen Zeremonien teilzunehmen und eine Walfang-Expedition zu begleiten. Voraussetzung war allerdings, daß er sich mit einem Dutzend Schädeln und mit einer Mumie versah. «Ich hatte als Grabräuber überhaupt keine Erfahrung», bemerkte er trocken, «da ich aber auf andere Weise nichts hätte über diese Zeremonie in Erfahrung bringen können, war ich entschlossen, mich den Bedingungen zu fügen.» Myers war alles andere als entzückt von der Idee. Er zählte auf, was er alles schon mit Curtis hatte durchstehen müssen und erkärte: «Wenn es soweit kommt, daß ich nach Schädeln und Mumien herumstöbern soll, dann passe ich.» Als dann aber die Stunde dieser «unheiligen Suche», wie Curtis sie nannte, gekommen war, war Myers doch zur Stelle. «Unser Boot für diese Nacht war ein kleines, mit Segeltuch bespanntes Kanu, das für verstohlene Unternehmungen geradezu wie geschaffen war», verzeichnete Curtis. «Wir landeten auf einer der Toteninseln, und ich begab mich auf die Suche nach einer Mumie. Ich wollte dabei aber nicht unversehrte oder erst jüngst bestattete Leichen in ihrer Totenruhe stören, sondern mir lieber ein altes, verfallenes Grab vornehmen.» Er fand viele alte Särge, aber nichts von dem, wonach er suchte. Er erklärt das damit, daß in jenen Gegenden nur ein kleiner Prozentsatz von Leichen eintrockne und zusammenschrumpfe; die meisten dagegen verwesten. «Deshalb muß man viele Grabstätten untersuchen, ehe man die Aussicht hat, eine einigermaßen präsentabel aussehende Mumie zu finden.» Darüber hinaus saßen die Schädel, auch wenn es viele davon gab, am Rückgrat fest, und Curtis hatte aus Pietätsgründen Bedenken, sie abzutrennen. «Ich wollte lieber solche, die nicht nur lose, sondern auch einigermaßen verwittert waren.» Viele der Schädel hatten noch Haare, was sie ebenfalls ungeeignet machte. Die ganze nächtliche Unternehmung brachte Curtis deshalb nur zwei Schädel ein, die für seine Zwecke brauchbar waren. In der zweiten Nacht, in der Myers bat, lieber im Kanu warten zu dürfen, hatte Curtis schon mehr Erfolg. Er kehrte mit vier Schädeln in seinem Sack zurück. Weitere fielen ihm buchstäblich wie Manna in den Schoß, als er bald danach einmal unterwegs war, um zu photographieren. Dabei brach ein Gewittersturm los, und Curtis rannte davon, um im Dorfe Schutz zu suchen. Als er auf seinem Wege an einer großen Fichte vorbeikam, ging aus ihren Zweigen plötzlich ein Regen von Beerdigungsschreinen, die der Wind losgerissen hatte, über ihn hernieder. «Beim Fallen trafen sie wieder auf andere Särge und alles stürzte herunter, so daß eine wahre Überschwemmung von Gebeinen und Schädeln entstand», schrieb Curtis. «Wie ein Kind Äpfel aufklaubt, sammelte ich schnell die Schädel ein und hatte auf diese Weise fünf weitere für meine Sammlung.»

Es blieb aber immer noch das Problem, eine Mumie zu beschaffen. Curtis wandte sich an George Hunt. Dieser besprach sich mit seiner Frau, genannt ‹Loon›: ‹der lachende Vogel›, und verkündete alsdann mit triumphierendem Lächeln: «Loon glaubt zu wissen, wo du eine Mumie finden kannst, und sie will dir behilflich sein. Die Stelle ist auf der Toteninsel ihres Stammes, reichlich dreißig Meilen von hier entfernt. Wir müssen dort hingehen, wenn die Leute in ihr Fischerdorf weggefahren sind.» Zu dritt kreuzten sie die Enge hinüber zu der Begräbnisinsel und gaben sich Mühe, nicht gesehen zu werden. Curtis und Loon gingen an Land, um die Totenhäuser zu besuchen. «Wir brachen ein paar auf, ohne ein passendes Stück zu finden. Dann war uns das Glück hold. Wir fanden eine wunderschöne weibliche Mumie. Ich war mir nicht ganz sicher, ob es eine Verwandte oder eine Freundin von Loon war, nur war es offensichtlich, daß Loon die Dame gut kannte und sie deshalb auch stets bei Namen nannte. Bevor wir sie aus dem Sarg herausholten, sprach sie mit ihr und erklärte ihr, daß es eine große Ehre sei, die ihr in Kürze widerfahren sollte.»

Dergestalt mit der erforderlichen Ausrüstung versehen, nahm Curtis an den vorgeschriebenen Riten teil. Hierzu gehörte unter anderem, wie Curtis berichtete, die sogenannte «Mumienschmaus-Zeremonie». «Auf die Frage, ob ich beim Verspeisen der Mumie mitgemacht habe oder nicht, verweigere ich jede Antwort. Ich möchte sagen, daß mir diese Frage schätzungsweise wohl an die tausendmal gestellt worden ist. Mumienverspeisen ist von der britischen Regierung als Kannibalismus eingestuft worden und wenn einer wegen dieses Verbrechens verurteilt wird, muß er lange Zeit hinter Gittern sitzen.» Trotz all dem schienen aber die Geister nicht besänftigt zu sein, denn als die Walfänger hinausfuhren und nach den Walen Ausschau hielten, war ihre Beute in andere Gewässer entwichen.

Was Curtis dadurch an möglichen Abenteuern entging, wurde allem Anschein nach jedoch durch seinen Ausflug zum Devil Rock nicht schlecht wettgemacht. Dort wollte er den Star-Seelöwen photographieren, der mit 4 Metern Länge und einem Gewicht von über einer Tonne als der größte Seelöwe der Welt galt. Devil Rock, eine bei den Seelöwen besonders beliebte Felsengruppe, erhob sich inmitten der Queen Charlotte Islands, gute dreißig Meilen vor der Küste von Britisch Kolumbien, aus dem Meer. Curtis stach in Fort Rupert in See und erreichte die Insel nach einer stürmischen, zweitägigen Überfahrt kurz vor Sonnenaufgang; das Licht war schon gut genug, um Aufnahmen zu machen. «Die Insel war buchstäblich bedeckt mit großen Tieren. Auf dem höchsten Punkt saß ein riesiger Bulle, der wie ein Turm alle anderen überragte. Wir ernannten ihn zum Major. Die Annäherung unseres Schiffes brachte die ganze Herde in Unruhe und Bewegung. Die

Bullen brüllten, und die Kühe kläfften aus Protest. Ich machte schnell einige Aufnahmen vom Schiff aus. Die Seelöwen stürmten nun in wilder Furcht davon. Wie ein Wasserfall von plumpen Tieren ergoß sich das den Fels hinunter.»

Die Gesellschaft stieg nun in ein indianisches Kanu über, um damit auf der Insel zu landen. Da die Küste steil war und die offene See mit donnernden Brechern gegen die Felsen anrollte, war dies kein einfaches Manöver. Stanley, Hunts Sohn, war der erste, der den Sprung wagte. «Er sprang, genau im richtigen Moment, wie eine Katze und landete auf Händen und Füßen. Ihm folgte Myers. Jedesmal, wenn die Strömung uns gegen das Ufer trieb, schleuderte ich den beiden bereits Gelandeten Bündel von Decken, Verpflegung, Wasser, Harpunen und Übernachtungsutensilien zu.» Curtis warf eine Leine ans Ufer. An ihr wurden Kameras und Filme – eingewickelt, gepolstert und in wasserdichte, mit Klammern verschlossene Taschen verpackt – an Land gehievt. «Während meine Begleiter die Ausrüstungsgegenstände aus dem Bereich der Brecher in Sicherheit brachten, sprang ich bei der nächsten sich bietenden Gelegenheit vom Kanu an Land.»

Als Curtis zum höchsten Punkt des Felsens aufstieg, machte er eine erschreckende Entdeckung: «Devil Rock lag bei Flut unter Wasser. Die amtliche Karte, die ich studiert hatte, war offenbar falsch. Wir waren dreißig Meilen von der Küste entfernt und konnten niemanden von unserer gefahrvollen Lage benachrichtigen.» Myers hatte diese niederschmetternde Entdeckung fast zur selben Zeit gemacht. «Chef», rief er zu Curtis hinüber, «haben Sie schon gemerkt, daß es auf dieser Insel kein Treibholz gibt?» Beide schauten dem schnell verschwindenden Schiff nach, das sie vom Festland hergebracht hatte und das schon viel zu weit entfernt war, als daß man ihm noch eine Nachricht hätte zukommen lassen können. Nach der Karte hätte Devil Rock bei höchstem Wasserstand mehr als 12 Meter über dem Wasserspiegel liegen müssen. «Das ist kein großer Sicherheitsspielraum, aber bei günstigem Wetter reicht er aus. Daß die Karte sich um 12 Meter irren könnte – der Gedanke war mir allerdings nicht gekommen. Ahnungslos hatte ich meine Gesellschaft in diese schlimme Lage gebracht. Ich konnte kaum einen Ton herausbringen, um Myers zu antworten.»

Sie gingen an die Arbeit, als ob nichts schiefgehen könnte. «Vielleicht würden wir auch diesmal wieder Glück haben und lebend aus dieser Gefahr herauskommen, dachte ich. Aber seither kann ich von keinem Menschen mehr lesen, der zum Tode verurteilt ist, ohne wieder an jene schrecklichen Stunden zu denken.» Die Seelöwen, von denen das Meer ringsherum wimmelte, trugen auch nicht gerade zum Gefühl der Sicherheit bei. «Aus der Nähe betrachtet waren die Bullen unglaublich groß, so daß man sich zwergenhaft wie ein Pygmäe vorkam. Diese kriegerischen Ungeheuer ärgerten sich darüber, daß sie mit fremden Eindringlingen ihr Quartier teilen sollten. Ihre Stimmung war infolgedessen böse, und die Kühe waren nicht weniger schlecht gelaunt. Seit dieser Begegnung bin ich davon überzeugt, daß die Eingeborenen wirklich die Hilfe der Geister brauchen, zu denen sie beten, wenn sie in ihren Kanus auf stürmischer See solche großen Tiere harpunieren.» Ungeachtet seiner prekären Lage war Curtis mit der Kamera fleißig an der Arbeit und photographierte die Seelöwen bei ihren Versuchen, an Land zu klettern. «Der ‹Major›, uns Verwünschungen zubellend, war der erste, der ankam. Bald jedoch verließ ihn sein Mut und er plumpste zurück ins Meer. Und immer wieder machte er neue Versuche, wobei sein Harem ermutigend kläffte. All das bot ausgezeichnete Gelegenheiten, Bilder zu machen.»

Als die Stunden verrannen, begann die Flut einzusetzen. Die Männer, in ihrer Falle gefangen, beobachteten mit wachsender Spannung, wie das Wasser ohne Mitleid am Felsen heraufstieg und immer näher auf sie zukam. Als die Sonne ins Meer tauchte, war für Curtis und seine Begleiter die Welt nur noch 60 mal 30 Meter groß. «Die Tiere wurden unruhig und bellten in gemeinschaftlichem Protest. Anscheinend hielten sie dann eine Konferenz ab und beschlossen, zu einem Generalangriff überzugehen. Plötzlich ergossen sie sich buchstäblich aus allen Richtungen über den Felsen, als ob sie unter dem Befehl eines kommandierenden Generals stünden.» Curtis und seine Gefährten begegneten diesem Angriff dadurch, daß sie den Tieren mit ein paar leeren Benzinkanistern, die als

Der Feuerbohrer – Koskimo. Feuer wird mit Hilfe eines Bohrers gemacht. Die Spindel der Bohrvorrichtung ist aus einem Fichtenzweig hergestellt, der lange Zeit im Wasser gelegen hat, während das Unterteil aus sehr altem trockenem Zedernholz besteht. Der Funke wird mit gelber Zedernborken-Faser gefangen. Während der Feuermacher die Spindel zwischen seinen Handtellern dreht, wiederholt er immer wieder die Worte: «Bitte, Feuer, komm!»

Eine Hochzeitsgesellschaft – Kwakiutl. Die Braut steht zwischen zwei Tänzerinnen, die für diese Gelegenheit engagiert worden sind. Ihr Vater steht auf der linken Seite, der Vater des Bräutigams rechts hinter einem Mann, der die Pauke bedient.

Tochter eines Nakoaktok-Häuptlings – Kwakiutl. Wenn der Oberhäuptling der Nakoaktok einen ‹Potlatch› hält (eine Zeremonie, bei der er Gegenstände aus seinem Vermögen an alle Stammesangehörigen verteilt), wird seine älteste Tochter in der hier abgebildeten Weise inthronisiert. Dabei wird sie symbolisch von den Köpfen ihrer Sklaven gestützt.

Schwimmer für Harpunen gedient hatten, gegen die Köpfe schlugen. Das hatte jedoch nur vorübergehende Wirkung, und erst als die Dunkelheit hereinbrach, kamen Menschen und Tiere zu einer Art Waffenstillstand.

Zur Vorbereitung auf die Nacht brachten die drei Männer ihre Ausrüstung in die von ihnen so benannte ‹Majors-Wohnung›, eine kleine flache Stelle auf dem höchsten Punkt des Felsens. «Dieser Platz war von einem zackigen Kamm eingefaßt, der der Wirbelsäule eines riesigen vorsintflutlichen Lebewesens ähnlich sah. An diesen Zacken des Felskamms ließen sich unsere Harpunenleinen festbinden. Die Kameras packten wir in ihre wasserdichten Behälter und vertäuten sie unlösbar an den Felszacken.» Die Nacht war ruhig, es regte sich kaum ein Wind, und das Meer war jenseits der Brandungswellen glatt wie Glas. Die einschläfernde Wirkung dieser Wetterlage war aber völlig dahin, als die Männer die unangenehme Erfahrung machen mußten, daß der ganze Platz von Läusen wimmelte. «Wir begannen zu verstehen, daß die Seelöwen guten Grund für ihre Reizbarkeit hatten. Unsere Haut juckte und brannte. Als der noch nicht vom Wasser überspülte Teil des Felsens mehr und mehr zusammenschrumpfte, wurde die Zahl der Läuse immer größer. Es war nun auch an der Zeit, uns Rettungsleinen anzulegen. Myers schlug vor, daß ich das Anseilen besorgen sollte.» Als Curtis mit Myers fertig war und statt eines einzigen drei Seile zum Festbinden verwandt hatte, beklagte Myers sich voller Galgenhumor, er sei so fest verschnürt, daß er sich nicht mehr kratzen könne. Als die Reihe dann an Stanley kam, wollte dieser skeptisch wissen, ob es wirklich so schlimm werden würde.

Die Flut kam schneller. Die Brecher mit ihrem phosphoreszierenden Leuchten bespritzten die drei Männer mit salziger Gischt, die sich an ihrem Zufluchtsort zusammenkauerten. «Die erste Welle, die uns von unserer ‹Hühnerstange› herunterzuschwemmen drohte, verursachte uns einen schweren Schock, aber unsere Leinen hielten fest. Die Ungewißheit, was alles noch kommen konnte, zehrte an unseren Nerven. Wie lange würden wir diese Schläge aushalten? Schließlich merkte ich, daß die Flut auf ihrem Höchststand angelangt war – jetzt hieß es eine brutale Durchhalteprobe zu bestehen. Nach etwa dreißig Minuten trafen die Brecher uns nicht mehr.» Durchnäßt, zerschunden und von den Läusen übel zugerichtet, hatten die Männer es gar nicht leicht, die rettenden Leinen wieder zu lösen. «Die kalte Luft, die durch unsere nassen Kleider zog, ließ uns mit den Zähnen klappern. Erschöpft von den Schlägen, die uns die Wellen verpaßt hatten, kramten

Typischer Nez Percé. Der Kriegs-Kopfschmuck aus Adlerfedern, an dem Wieselfelle herabhängen, deutet ebenso wie die Bänder aus Otternpelz, mit denen die Haare umwunden sind, darauf hin, wie stark die Nez Percé von den Prärieindianern beeinflußt worden sind, mit denen sie auf ihrer alljährlichen Wanderung in die Büffelgebiete zusammentrafen.

wir die Decken aus unseren Taschen, um unsere nassen Körper damit zu bedecken», und so versuchten sie ein wenig Schlaf zu finden. Curtis wurde durch ein Grunzen und Schnaufen unsanft geweckt; Speichel tropfte ihm ins Gesicht. Als er die Augen öffnete, sah er wie einen Turm über sich – den ‹Major›! Er vertrieb ihn, indem er wiederum mit einem Bezinkanister auf ihn einschlug, den er sich in weiser Voraussicht griffbereit zurechtgelegt hatte.

Bei Tagesanbruch kam, wie verabredet, das Schiff zurück. Die Besatzung hatte freilich mit Sicherheit geglaubt, das würde vergebliche Liebesmüh' sein. Bald nachdem sie von ihrem Ankerplatz aufgebrochen waren, waren sie einem Kanu mit Haida-Indianern begegnet und hatten ihr Schiff gestoppt, um mit ihnen ein wenig zu palavern. Hunt erzählte ihnen, sie seien auf dem Wege nach Devil Rock, um dort seinen Sohn und ein paar weiße Männer abzuholen, die die Nacht auf der Insel verbracht hätten. «Es hat gar keinen Zweck, daß ihr dort hinfahrt», sagten die Indianer. «Auf diesem Felsen überlebt niemand eine Nacht. Mehrmals schon haben sich einige von unseren Leuten mit ihren Kanus dorthin geflüchtet, als sie von einem Sturm überrascht wurden, aber jedesmal sind alle ertrunken.» Curtis und die Seinen hatten das große Glück gehabt, daß es eine ungewöhnlich ruhige Nacht gewesen war. Wenige Stunden später brach ein heftiger Sturm aus, und sie brauchten drei volle Tage, bis sie das Festland erreichten. Dort war man inzwischen schon der Meinung, sie seien umgekommen. Eine Zeitung schrieb einen Artikel über «Das tragische Ende der Curtis-Expedition» und brachte zu dieser Geschichte eine ganze Seite mit Bildern.

Während seiner Abenteuer im Norden war Curtis sorgsam darauf bedacht gewesen, die Verbindung zu Hodge aufrechtzuerhalten, einerseits, um ihn über seine Tätigkeit auf dem laufenden zu halten, andererseits aber auch, um sich zu vergewissern, daß Hodge seinerseits bei der Sache bliebe. «Es ist einige Zeit her, daß ich das letzte Mal Post bekam, und daher weiß ich nicht, wie weit Sie in der Zwischenzeit mit der Bearbeitung der Manuskripte vorangekommen sind», schrieb er von «Im Lager, Alert Bay, Britisch Kolumbien» unter dem 21. Juli 1910. «Ich hoffe, alles geht gut, denn jetzt kommt der Tag näher, an dem Myers nach Osten aufbrechen wird, um die Winterarbeit aufzunehmen. Zur Zeit sind wir bei den Kwakiutl in der Gegend um Alert Bay und Fort Rupert, und wir werden hier bis etwa zum 15. August bleiben. Dann soll's nach Barclay Sound weitergehen, wo wir ein paar Wochen bei dem Stamm an der Westküste arbeiten möchten. Danach wollen wir nach Seattle zurückkehren, während Myers unverzüglich Richtung Osten abreist.» Curtis machte bereits Pläne für den Winter. «Ich höre, daß McGee seine Buchbesprechung noch nicht übersandt hat», bemerkte er voller Ungeduld. «Ich schreibe ihm noch heute abend und werde ihn dringend bitten, daß er mir zuliebe versuchen sollte, sie herauszubringen. Ich muß mich im kommenden Winter sehr für den Verkauf unseres Buches einsetzen und sähe es deshalb gern, wenn seine Besprechung in der Herbst-Nummer des ‹Anthropologist› erschiene. Vielleicht können Sie mir dabei helfen und McGee ans Telefon bringen, um ihm klarzumachen, wie wichtig seine Besprechung ist (...).»

Fast einen Monat später, nämlich am 18. August 1910, war Curtis vorübergehend aus den Wäldern zurückgekehrt und schrieb aus Victoria in Britisch Kolumbien an Hodge: «Ich habe soeben Ihren Brief erhalten, und wenn ich auch etwas besorgt bin wegen des späten Starts der Manuskriptbearbeitung, denke ich doch, es wird alles gut gehen. Ich vertraue aber darauf, daß Sie Ihre Arbeit an Band 8 beenden, bevor Sie in den Südwesten reisen. Myers wird hier gegen den 5. September in Richtung Osten abreisen. Es wäre gut, wenn er Sie treffen könnte und sich mit Ihnen bespräche. Dann könnte er alle Manuskriptteile, die Sie mit ihm durchgegangen sind, gleich mitnehmen und in Cambridge die Satzarbeiten anlaufen lassen. Wir wollen die Arbeiten wie gewöhnlich möglichst rasch hinter uns bringen, damit wir beide, Myers und ich, im nächsten Sommer so früh wie möglich wieder an die Außenarbeit gehen können; natürlich auch aus finanziellen Gründen.»

Curtis ließ dabei ein anderes Projekt unerwähnt, das er etwa zu der Zeit in Angriff nahm und bei späteren Besuchen in Britisch Kolumbien während der nächsten zwei Jahre stückweise vorantrieb. Mit Myers' und Schwinkes Hilfe machte er nämlich einen Film: ‹Land of the Head Hunters›. Als

Darsteller wirkten die Kwakiutl mit, deren Sage von ihrem größten Helden Motana er als Stoff wählte; sie wollte er «in ihren großen Kanus vor dem majestätischen Hintergrund ihres angestammten Landes» zeigen. Der Film wurde im Jahre 1914 erstmals öffentlich aufgeführt. Im Verlauf dieses Unternehmens zog Curtis sich eine Verletzung zu, die ihm bis an sein Lebensende zu schaffen machte. Das Unglück passierte, als er einen Wal filmte, während dieser versuchte, seinen Fängern zu entkommen. «Mit einer indianischen Kanubesatzung fuhren wir nahe heran», schreibt Curtis in seinen unvollendeten Memoiren. «Das Tier war ungeheuer groß. Während ich in dem schwankenden Kanu bei recht stürmischer See mit Mühe das Gleichgewicht hielt, gelang es mir, von dem Monstrum einige Meter mit ganz unglaublichen Aufnahmen zu drehen. Ich spornte die Paddler an, noch näher heranzurudern. Im Nachhinein wundere ich mich, daß sie meinem Wunsch gehorchten. Ich wollte den geöffneten Riesenrachen des Tieres in Nahaufnahme zeigen. Plötzlich wurde ich ins Meer geschleudert und kämpfte neben dem wild um sich schlagenden Leviathan um mein Leben. Das Kanu wurde in Stücke zertrümmert; meine Kamera mit dem unersetzlichen Film sank hinab auf den Grund des Meeres. (...) Der Verlust dieser wundervollen Bilder, die ich auf so nahe Distanz hatte machen können, bereitete mir einigen Kummer.» Seine Verletzung erwähnte er dabei nicht, und man erfährt nirgends etwas darüber, bis er Jahrzehnte später in seinem Briefwechsel mit Miss Leitch von der Bibliothek in Seattle darauf zu sprechen kommt. In einem Brief vom 29. November 1948, worin von seinem «kaputten Bein» die Rede ist, erklärte er: «Ich habe mir dieses lahme Bein geholt (...), als ich einen Film von einem großen Wal drehte. Dieser wurde ärgerlich und zerschlug mit einem Schlag seines starken Schwanzes unser Walfangboot. Ich trug aus dieser Schlägerei eine gebrochene Hüfte davon (...) und hinke seitdem ein wenig.»

Ein Freund, der das Drehbuch von ‹Land of the Head Hunters› gelesen hatte, schlug vor, die Geschichte in ein Buch umzuwandeln und dabei im Vortragsstil der Stammes-Barden der Kwakiutl zu schreiben. Das Buch wurde gemacht und erschien im Jahre 1915 unter dem gleichen Titel. Noch fünfunddreißig Jahre lang bezog Curtis Honorareinnahmen daraus. Das gleiche galt von dem Werk ‹Indian Days of the Long Ago›, das Curtis etwa zur gleichen Zeit schrieb und von dem im ersten Jahr bereits eine Million Exemplare verkauft wurden. Wo Curtis die Zeit hernahm, um diese Bücher zu schreiben, wo er doch schon keine Gelegenheit fand, ein Journal oder Tagebuch zu führen, wird nirgends erklärt.

Im Spätherbst des Jahres 1910 mußte sich Curtis aufs neue über Hodge wundern, der zu dieser Zeit von seinem Urlaub im Südwesten hätte zurück sein müssen. «Ich vertraue fest darauf», schrieb er ihm, «daß Sie zurück und wieder im Geschirr sind und daß Sie sich besonders gut erholt fühlen und deshalb stark genug sind, die Korrekturfahnen mit einem solchen Tempo durch Ihre Hände gehen zu lassen, daß wir nicht in Zeitnot geraten. Es ist immer wieder die alte Geschichte: Ich bin in größter Eile, um die Bücher so schnell wie möglich herauszubringen. Das Geld für die Veröffentlichung ist jetzt verbraucht und ich muß, sobald es geht, in dieser Beziehung eine Wende herbeiführen. Sie wissen, unsere Bankschulden werden fällig ohne Rücksicht darauf, ob irgendetwas anderes getan wird oder nicht. Ich habe an die zehn Tage zu Bett liegen müssen, bin jetzt aber auf und komme allmählich wieder in Form.» Als Curtis endlich etwas von Hodge hörte, schöpfte er neuen Mut. «Ich bin hocherfreut, daß Sie so blendend mit dem Werk vorangekommen sind», antwortete er am 26. Oktober. «Wenn wir dieses Tempo beibehalten, kommen wir glänzend heraus und können sehr früh ausliefern, was mir wiederum die Möglichkeit gibt, bald in den Westen zurückzukehren, so daß ich einen schönen langen Sommer für die Außenarbeiten habe. Sie haben die Vermutung geäußert, meine Erkrankung sei wohl durch Überarbeitung verursacht worden. Also, wenn Sie irgendeine Zeit wissen aus den letzten zehn Jahren, in der wir uns nicht haben überarbeiten müssen, dann möchte ich wissen, wann das gewesen sein soll. Ich bin noch nicht wieder ganz bei Kräften und fühle mich etwas entmutigt (...).»

Als das Frühjahr 1911 näher kam, war Curtis vollauf damit beschäftigt, den Verkauf des Buches zu fördern. «Ich schicke Ihnen eine Korrekturfahne der Buchbesprechung von Hawthorne», schrieb er an Hodge am 7. Juni von New York aus, womit er einen 2500 Worte langen Erguß meinte, den der Sohn des berühmten Schriftstellers Nathaniel Hawthorne geliefert hatte. «Es ist eine Kopie der Rezension in jener Fassung, in der sie kommenden Sonntag an allen Ecken und Enden der Vereinigten Staaten in der Presse erscheint und die erhebliche Abänderungen gegenüber der ursprünglichen Version von Mr. Hawthorne aufweist – Abänderungen, die vor allem in der Entfernung der vielen Superlative bestehen sowie in der Umformulierung von Feststellungen, die andere Leute hätten kränken können. (...) Ich muß gestehen, daß ich eine vollständige Umgestaltung des Programms für dieses Jahr ins Auge fasse und diese mit Ihnen durchgehen möchte», fuhr Curtis fort und kam damit auf ein anderes Thema zu sprechen. «Wenn kein Wunder geschieht, sehe ich keine Chance, die nötigen Mittel für die Außenarbeit in diesem Jahr aufzutreiben. Binnen achtundvierzig Stunden werde ich wahrscheinlich damit begonnen haben, meine Pläne für eine neue Regelung unserer Angelegenheiten in die Tat umzusetzen, d.h. wir wollen eine großangelegte intensive Verkaufskampagne starten, die ich vom Oktober an bis zum nächsten Frühjahr persönlich führe und die alle Teile der Vereinigten Staaten erfassen soll.

Ich trage dieses Problem schon seit Wochen mit mir herum, so daß ich jetzt darüber mit einer gewissen Abgeklärtheit schreiben kann. Mit anderen Worten, das Schlimmste ist überstanden. Die Zeit zwischen jetzt und dem Herbst wird der Vorbereitung der Winter-Kampagne dienen. Ich werde mich in ein paar Wochen nach Seattle begeben, das Material zusammenstellen und die Korrespondenz zur Vereinbarung von Vortragsterminen in Angriff nehmen. Es darf aber keinesfalls bekannt werden, daß uns diese Änderung unserer Dispositionen durch Geldmangel aufgezwungen ist. Wir tun einfach so, als ob wir zu der Ansicht gekommen seien, es sei das beste für mich, das Buch erst einmal zu verkaufen, unsere Schulden zu verringern und dadurch Geld für Zinsen zu sparen. Ich hoffe, Myers für die Außenarbeit halten zu können. Ich glaube auch, daß ich sein Gehalt und seine Ausgaben bestreiten kann, vorausgesetzt, daß er damit einverstanden ist, allein zu arbeiten. Und wenn dann der nächste Frühling kommt, kann ich die Arbeit an der Küste wieder aufnehmen und abschließen. Wenn ich mich auf diese Verkaufstournee begebe, werde ich überall den Eindruck erwecken, als sei dies die absolut letzte Möglichkeit, das Werk zu bestellen, und ich glaube, daß mir das gelingen wird. Ich will gleichzeitig jemanden suchen, der den europäischen Bereich gründlich bearbeitet. Aber über alle diese Dinge möchte ich lieber mit Ihnen sprechen, anstatt jetzt noch mehr zu schreiben.» Nachdem Curtis dann mit Hodge gesprochen hatte, schrieb er am 20. Juni recht optimistisch über seine Pläne: «Ich habe mit großem Elan die Kampagne für den kommenden Winter vorbereitet und das bisher bezeugte Interesse hat mich freudig überrascht (...).»

Als Curtis im Oktober von der Außenarbeit zurückkam, war er bereit, die für den Winter angesetzte Verkaufskampagne zu beginnen. «Der Sommer war recht anstrengend», schrieb er am 12. Oktober an Hodge vom Hotel Belmont in New York, «und die Arbeit, die die Inszenierung dieser Kampagne erfordert hat, war ungewöhnlich schwer. Trotzdem bin ich, wie ich glaube, nicht gerade in schlechtester Verfassung, meine Vortragsreise anzutreten. Ich hoffe, daß ich pro Woche neun Veranstaltungen schaffe, daß ich zugleich den großen Überblick über die Kampagne behalten kann und schließlich dafür sorgen werde, daß wir Bücher verkaufen. Alles hängt eben vom Erfolg dieses Winters ab. (...) Ich schicke in der Anlage (...) einige Artikel, die in der ‹New York Times› erschienen sind; man hat den Vorschlag gemacht, ich solle noch etwas über die andere Seite des Themas schreiben, und nun bin ich diesem Gedanken nachgegangen und habe rasch ein paar Seiten in diesem Sinne diktiert. (...) Man glaubt es kaum, aber die Zahl der gebildeten Menschen, die überzeugt sind, daß die Indianer alle ein- und dieselbe Sprache sprechen, ist erschreckend groß. Erst vor ein paar Tagen fragte mich ein Mann, der auf einem der bekannteren Colleges sein Examen

Der Weber – Hopi. In der Kunst des Webens, Strickens und Stickens sind die Hopi führend. Weben ist ausschließlich Männerarbeit; zu den ausgezeichneten Produkten gehören die Alltagsgewänder der Frauen, das Hochzeitskleid, Gürtel sowohl für den täglichen als auch für den zeremoniellen Gebrauch, sowie Bettdecken.

Korbmacherin – Skokomish. Die Frauen der Skokomish, eines Zweiges des Twanastammes, sind besonders geschickt im Flechten von weichen, biegsamen Körben.

Körbe vom Puget-Sund. Korbflechterei ist heute noch ein wichtiger Fertigungszweig vieler Stämme am Puget Sund; der größte Teil ihrer Produktion wird über Händler verkauft.

gemacht hat und nun Leiter einer nicht unwichtigen Bildungsanstalt ist, ob es zuträfe, daß die Indianer mehr als eine Sprache hätten. (...) Ich lege ein Flugblatt mit der Vorankündigung meines Vortrags in der Carnegie Hall bei. Das verspricht eine erfolgreiche Veranstaltung zu werden, und ich will mir Mühe geben, daß sie wirklich bestens gelingt. Ein solcher Erfolg hat nämlich für die Verkaufsbilanz des ganzen Winters entscheidende Bedeutung. Ich habe alle Druckschriften, die mit unserer Tournee zusammenhängen, sorgfältig durchgesehen und habe in jedem Falle auszumerzen versucht, was irgendwie beleidigend oder kränkend wirken könnte. Auch die Geschichten, die dem Werk besondere Publizität verschaffen sollten, haben Schwinke und ich unter dem gleichen Gesichtspunkt durchgekämmt. Wir brauchen selbstverständlich Publizität, aber ich strebe danach, sie auf seriöse Weise zu erreichen; und wenn ich Bekannten schreibe, die mit den verschiedenen Bildungsinstitutionen in Verbindung stehen, habe ich immer erklärt, daß die Vortragsreise nicht zum Geldverdienen gedacht ist, sondern einen Teil der allgemeinen Anstrengungen darstellt, das große Werk zu fördern. (...) Ich bin überzeugt, daß ich die schönste Auswahl von Diapositiven besitze, die zu Vorführungszwecken je zusammengestellt wurde. Ich habe den größten Teil der Musik gehört und ich glaube, sie wird ein interessanter Beitrag zu der Veranstaltung sein, vor allem die Stücke, die als Untermalung der eindrucksvollen Überblendungen komponiert wurden. Sie werden mit Genugtuung hören, daß wir bei diesem ganzen Unternehmen, so oft wir Leute treffen, um diese Vorträge zu arrangieren, nur auf das wärmste Interesse für das Werk stoßen – außer bei Leuten, die von Culen beeinflußt sind. Trotzdem ist der Vortrag im Brooklyn Institut fest vereinbart, und alles spricht dafür, daß die Veranstaltung dort erfolgreich sein wird. (...) Wir fahren Mittwoch nach Boston, wo wir eine Woche mit Proben verbringen werden (...).»

Als Curtis in Boston seinem Auftritt durch besagte Proben noch letzten Schliff gab, und als in ihm vielleicht schon die ersten Selbstzweifel emporstiegen, weil er sich überhaupt auf solche Maßnahmen hatte einlassen müssen, konnte er aus einer Rezension neuen Mut schöpfen. Der ‹American Anthropologist› vom Oktober/Dezember 1911 brachte einer Besprechung der Bände 4, 7 und 8 durch William Curtis Farabee von der Harvard Universität, der als Publizist über die südamerikanischen Indianer eine anerkannte Autorität war. «Die ersten Bände dieses Werkes haben eine wohlverdiente Aufnahme (...) in Amerika und Europa gefunden», schrieb Dr. Farabee. «Daß die Herstellungs- und Drucktechnik dieser ersten Bände noch verbessert werden könnte, erschien ganz ausgeschlossen; dennoch zeigen die neuen nochmals einen Fortschritt, einen Fortschritt an Geist und Horizont. (...) Dem Autor ist es in bewundernswerter Weise gelungen, ein Werk zu schaffen, an dem nicht nur der Spezialist nichts auszusetzen hat, sondern das gleichzeitig allergrößten Wert besitzt für den Historiker, für den Bildhauer, für den Maler, den Dramatiker, den Romancier ebensowohl wie für den Ethnologen (...).»

Die Vertragstournee kam in Fahrt und gelang gut. «Die Geschichte in der Carnegie Hall war in jeder Beziehung ein enormer Erfolg», schrieb Curtis am 19. November hochgemut an Hodge. «Wir hatten ein großes Auditiorium, das restlos begeistert war. Gestern abend war ich in Brooklyn, wo wir wieder eine große Zuhörerschaft hatten. Professor Hooper machte die liebenswürdige Feststellung, sie hätten schon endlose Vortragsveranstaltungen über die Indianer gehabt, hier aber sei das Thema zum ersten Mal im richtigen Lichte und allgemein verständlich behandelt worden. Er fügte hinzu, es sei einer der erfolgreichsten Vorträge gewesen, die sie jemals veranstaltet hätten. Der Abend in der Carnegie Hall fand in breiten Bevölkerungskreisen derartigen Anklang, daß die Leute vom Hippodrom baten, wir möchten unsere Veranstaltung dort im Rahmen ihrer großen Sonntagabend-Vorstellung stattfinden lassen (...).»

Zu Beginn des Jahres 1912 muß aber irgendetwas schief gegangen sein bei Curtis' Bühnenauftritten. Das geht aus seinem Brief an Dr. Francis W. Kelsey in Ann Arbor in Michigan vom 12. Januar 1912 hervor, mit dem er offenbar eine Vorstellung absagte. «Es fällt mir sehr schwer, diesen Brief zu schreiben», begann Curtis. «Aber meine Verluste während des Winters waren sehr hoch, was ich erst in den letzten Tagen richtig gemerkt habe, als ich mit meinem Sekretär unsere noch unbeglichenen Verpflichtungen zusammengestellt und die Finanzlage einmal gründlich untersucht habe. (...) Ich habe meine Freunde, Ratgeber und Förderer um Rat gefragt, ob ich mir Geld leihen solle, um die Tournee fortzusetzen, aber sie waren ganz entschieden dagegen, daß ich dieses Risiko auf mich nähme. Denn wenn ich noch einmal mit einem großen Defizit abschlösse, würde das, offen gestanden, meinen Bankrott bedeuten (...).»

Am gleichen Tage wie an Dr. Kelsey schrieb er auch an Hodge und nahm – ohne von seiner Absicht, die Tournee abzubrechen, etwas verlauten zu lassen – zu einigen nach der Vorstellung im Worchester, Massachusetts, laut gewordenen Kritiken Stellung. «Kopf hoch! Das Schlimmste kommt erst noch!» begann Curtis voller Ironie. «Was den Kommentar zu unserer Worchester-Veranstaltung anbelangt, so war das unsere Premiere dort. Wir hatten nicht genug geprobt (Sie wissen ja, daß es ein recht kompliziertes Programm ist) und waren, da ich auf diesem Gebiet nicht genügend Erfahrung besaß, so töricht, den Hausherrn unseren Projektor auf der Galerie aufstellen zu lassen. Dadurch fiel der Lichtstrahl so schräg auf die Leinwand, daß der Mann am Apparat mit der Scharfeinstellung nicht mehr zurechtkam. So hatten wir viel Ärger mit den Bildern, wodurch ich mich ziemlich nervös machen ließ. Es war in der Tat ein nervenaufreibender Abend für alle Beteiligten.» Zu alledem kam noch ein weiteres Unglück hinzu, für das man allerdings niemanden verantwortlich machen konnte. «Mitten während der Veranstaltung begann jemand hinter mir auf der Bühne zu erklären, einer vom Orchester sei tot und wolle nach Boston fahren», erzählt Curtis. «Schließlich stellte sich dann heraus, daß der Vater von einem der Orchestermusiker gestorben war, weswegen der Musiker nach Boston fahren wollte. Während dieser ganzen Zeit versuchte ich, weiter zu dem Auditorium zu sprechen. (...) Die Lehrer gaben nachher ihrer Enttäuschung Ausdruck, aber ihre Klagen bezogen sich hauptsächlich auf die unzulängliche Scharfeinstellung und den Ärger mit der Projektionslampe. Und was die Feststellung eines anderen Zuhörers anbetrifft, der meinte, er müsse meine Ausführungen beanstanden und ihre Genauigkeit anzweifeln, so hat die Erfahrung mich gelehrt, daß es selbst dann, wenn ein Taubstummer ohne Kenntnis einer Zeichensprache auf der Bühne irgendetwas täte, eine beträchtliche Zahl von Leuten gäbe, die Anstoß nehmen würden an dem, was er gesagt hat. (...)

Dr. Gordon [George Byron Gordon, Anthropologe, von 1910 an Direktor des Universitätsmuseums der Universität Pennsylvanien] kam nach New York, um der Veranstaltung beizuwohnen, und wir waren danach eine Stunde im Belmont mit ihm zusammen», fährt Curtis zu seiner Verteidigung fort. «Ich bat ihn, seine Kritik frank und frei vorzubringen und zu sagen, was ihm womöglich an der Veranstaltung nicht gefallen habe. Alles, was er sagte, war jedoch sehr schmeichelhaft, und er fuhr unmittelbar danach zurück und unternahm die notwendigen Schritte, um unsere Aufführung dann in seiner Heimatstadt stattfinden zu lassen (...), wobei er diesen Plan mit all seinen Kräften förderte. (...) Zumindest weiß ich soviel, daß allein die Aufführung in der Carnegie Hall eine der wichtigsten Aktionen gewesen ist, die jemals zur Unterstützung der Sache des ‹North American Indian› unternommen wurden (...).»

Am 14. Januar 1912 vertraute Curtis dann Hodge an, was er drei Tage zuvor Dr. Kelsey in Ann Arbor geschrieben hatte. Die Verzögerung ist vielleicht daraus zu erklären, daß Curtis bis dahin noch ein Fünkchen Hoffnung hatte. «Was nun die in Aussicht genommene Vortragsreise unter den Auspizien des Instituts anbelangt, so finde ich, daß ich diesen Plan für diese Saison aufgeben muß. (...) Meine Verluste sind so hoch, daß ich kein Geld mehr habe, um weiterzumachen (...).» Ein paar Wochen später war Curtis noch immer in New York, dem Abgrund der Verzweiflung nahe. «Alles ist schrecklich entmutigend», schrieb er am 28. März an Hodge, «aber ich lasse die Hoffnung nicht fahren.»

Mitte des Sommers 1912 war Curtis zurück in Seattle, und irgendwie kamen die Dinge wieder ins Rollen, «Ich schicke Ihnen einen Teil des Manuskripts für Band 9», schrieb er am 12. Juli an Hodge. «Der Rest folgt in ein paar Tagen. Ich hoffe, Sie können die Durchsicht noch vor Ihrem Urlaub erledigen, denn dann käme das Material noch rechtzeitig in die Druckerei und könnte dort zügig bearbeitet werden. Ich will versuchen, so schnell wie möglich nach Britisch Kolumbien aufzubrechen, und hoffe, das Kwakiutl-Material für den Verlag fertig zu haben, sobald wir den Siwash-Band hinter uns gebracht haben.»

Auf seiner neuen Reise im Jahre 1912 wollte Curtis vor allem die Indianer von Britisch Kolumbien studieren. Darüber hinaus plante er jedoch noch eine sehr wichtige Mission bei seinen alten Freunden, den Hopi in Arizona, die er zum ersten Male im Jahre 1900 besucht hatte. Und zwar wollte er an ihrem heiligen Schlangen-Tanz*) teilnehmen. Er war zu der Überzeugung gelangt, daß er dieser Zeremonie nicht nur von außen zuschauen dürfe, sondern an ihr zusammen mit den Hopi selbst teilnehmen müsse, wenn er die Bedeutung des Ritus, bei dem die Götter um Regen angerufen wurden, wirklich voll verstehen lernen wollte.

Zwölf Jahre lang war er jedes Jahr wiedergekommen, um den Schlangenpriester zu besuchen, und jetzt sollte er selbst als Priester in den Schlangenorden aufgenommen werden. So weit er wußte, war er der einzige Weiße, der je solche Ehre empfangen hatte und zur Teilnahme an dem Tanz zugelassen war. Während der sechzehn Augusttage, die die Zeremonie dauerte, benahm sich Curtis, der nun in der Tat als einer der ihren galt, wie die Indianer, doch machte er weiterhin Photographien und auch akustische Aufzeichnungen mit dem Edison-Phonographen. Der eigentliche Teil des Zeremoniells begann am achten Tag. «Mit einem Lendenschurz bekleidet, betrat ich in Begleitung des Oberpriesters das Kiva [runder oder rechteckiger Raum, der für zeremoniale Versammlungen dient] und befolgte seine Befehle und Anweisungen bis ins kleinste. Ich schlief an seiner Seite. Ich fastete die neun [restlichen] Tage und hatte – auch das war von den Hopi-Priestern vorgeschrieben – in dieser Zeit keine Verbindung zu meinen Leuten. Außerdem mußte ich die Regeln des Zölibats befolgen.»

Am zehnten Tag begann die Schlangenjagd. «Wir entkleideten uns und beschmierten unsere Körper mit roter Farbe, die als ‹Blütenstaub› der Schlangen gilt», fährt Curtis fort. «Gleichzeitig sprach der Oberspriester ein Gebet, daß die Schlangen uns nichts tun sollten.» Dann wurden alle mit einem Stock ausgerüstet, mit dem die Schlangen aus ihren Löchern auszugraben waren, ferner mit einem Wedel aus Adlerfedern, einem Sack und schließlich einem Päckchen Schlangenfutter. «Wir kletterten auf einer Leiter aus dem Kiva heraus und marschierten im Gänsemarsch den Pfad entlang zum Land des Nordwinds. Die Hopi wissen alle, daß an diesem Tage niemand in das nördlich vom Dorf gelegene Tal gehen darf.» Am Fuße des Felsens machten sie an einer Quelle Halt, sprachen ein Gebet und streuten als Opfer Maismehl auf das Wasser. Dann begann die Suche nach den Schlangen: «Glücklicherweise war ich der erste, der eine Schlange sah», schrieb Curtis. «Wir umstellten sie und warfen Mehl auf sie.» Als Entdecker des Reptils durfte Curtis es ‹zähmen›, das heißt, er brachte es mit seinem Wedel aus Adlerfedern.dazu, sich lang auszustrecken, um sich zur Flucht bereit zu machen. «Dann ergriff ich die Schlange schnell am Genick.» Um die brüderliche Liebe des Novizen zu den Schlangen zu besiegeln, ließen ihn die Indianer das Tier um seinen Hals schlingen, bevor er es in seinen Sack steckte. Es wurden noch viele andere gefunden – «Diamantrücken, Seitenwinder, Bullenschlangen, Peitschenschlangen, aber hauptsächlich Klapperschlangen. Unsere Säcke waren bald schwer vom Gewicht der Tiere.» Vier Tage lang fingen sie so Schlangen aus allen vier Himmelsrichtungen.

* Da Curtis seine Teilnahme am Schlangen-Tanz erst Jahre später geschildert hat, kann es wohl sein, daß er sich dabei im Datum geirrt hat, wenn er die Begebenheit in das Jahr 1912 datiert. Sein Freund, Professor Meany, berichtet dagegen im März 1908 in ‹World's Work› über einen Vorfall vom Sommer 1907: Als Curtis und er zusammen bei den Sioux waren, habe Curtis dagegen protestiert, daß indianische Führer eine Schlange töteten, und erklärt, er sei Priester der Schlangenreligion des Südwestens. – Die ‹New York Times› vom 16. April 1911 berichtet über Curtis und stellt ebenfalls fest, er sei Mitglied des Schlangenordens gewesen.

Schlangentänzer beim Betreten des Dorfplatzes – Hopi. Rechts im Bild haben sich die Angehörigen der Antilopenbrüderschaft vor der Hütte aufgestellt, in der die Behälter mit den Schlangen untergebracht sind. Die Mitglieder der Schlangenbrüderschaft betreten den Platz, umrunden ihn viermal in militärischer Haltung und beginnen dann, nachdem sie mehrere in ihrem Rhythmus mitreißende Lieder gesungen haben, den Tanz mit den Schlangen.

In Erwartung der Rückkehr der Schlangenläufer – Hopi. Das Schlangenrennen findet am letzten Tage der Schlangenzeremonie statt. Die kleinen Jungen sind an diesem Tage nackt und weiß angemalt, und in ihren Händen halten sie Ähren, Melonen und andere Pflanzen und Früchte. Sobald die Läufer in Sichtweite kommen, rennen die Knaben herum, die kleinen Mädchen verfolgen sie und nehmen ihnen ihre Pflanzen und Früchte ab. Auf diese Weise werden Wunsch und Bitte zum Ausdruck gebracht, daß die Ernte-Früchte schnell wachsen mögen.

Die gesammelten Schlangen wurden im Kiva aufbewahrt, wo sie das Quartier mit den Priestern teilten. Wenn eine aus den irdenen Gefäßen herauskroch, in die man sie gesetzt hatte, war ihr Fluchtweg deutlich zu erkennen. Denn in dem Sand, der aus der Wüste mitgebracht und auf den Boden gestreut war, hinterließ sie eine Spur. In den folgenden Tagen wurden die Schlangen besungen, gewaschen, gestreichelt und auch noch auf andere Weise für den Tanz vorbereitet, in dem dieser langdauernde Anruf der Götter mit der Bitte um Regen seinen Höhepunkt finden sollte.

Curtis beschrieb die Vorbereitung folgendermaßen: «Wir schmierten rosa Ton über unsere Mokkassins und über andere Teile unseres Gewands und pinselten uns Unterarme, Waden und eine Kopfhälfte mit einem Gemisch aus Mais-Schimmel und ‹Männermedizin› (ein Gebräu aus roten Säften und wer weiß welch sonstigen Ingredienzen) ein. Das Kinn machten wir uns weiß und das übrige Gesicht schwarz. Um unsere Taille wanden wir den üblichen hellgewebten, mit Fransen behangenen Gürtel, und hinten ließen wir ein Fuchsfell herunterhängen, das sich im Rhythmus des Tanzes bewegte (...)» Nachdem man die Schlangen zum Dorfplatz gebracht hatte, stellten sich die beiden Bruderschaften, die der Schlange und die der Antilope, in Reih und Glied einander gegenüber. Während die einen nun sangen und die Klappern schüttelten, begannen die anderen zu tanzen. Jeder Tänzer bekam eine Schlange, die er in den Händen hielt und die er von Zeit zu Zeit um seinen Hals schlang oder zwischen die Lippen nahm. «Ich folgte den Tänzern vier mal rund um den Platz und warf die Schlange zur Seite, damit sie vom ‹Fänger› aufgefangen werden konnte; dann erhielt ich eine neue Schlange und setzte den Tanz fort. Mit Lendenschurz und Schlangentanzkostüm angetan und – streng nach Vorschrift – mit einer Schlange in meinem Munde, machte ich die Zeremonie mehrere Male mit, während die Zuschauer die Tanzenden beobachteten, ohne zu merken, daß einer der wilden Tänzer ein weißer Mann war.» Auf diese Zeremonie folgten vier Tage der Reinigung, in denen die Häuptlinge beider Clans wie auch Curtis im Kiva verblieben und weiter um Regen beteten. «Wenn es nicht regnet», fährt Curtis fort, «würden sie glauben, daß irgendetwas an der ganzen Aufführung nicht richtig gewesen sei.» Der Fehler hätte leicht in Curtis' Person gesehen werden können, und deshalb war sein Gebet von besonderer Inbrunst. «Gottlob», schreibt er, «bildeten sich große schwarze Wolken über den Bergen und der heiß ersehnte Regen begann zu fallen.»

Als Curtis nach diesem Regenmacher-Triumph nach Seattle zurückgekehrt war, erhielt er das erste Material über Britisch Kolumbien zurück, das Hodge inzwischen bearbeitet und mit höchstem Lob bedacht hatte. «Ich war rasend neugierig darauf», bestätigt Curtis am 26. November den Empfang, «ich sah mir gestern abend durch, was Sie in roter Tinte an Zufügungen gemacht haben. Myers und ich werden uns im Lauf des Tages oder heute abend daran machen. Ich freue mich, daß Ihnen das Material gefällt. Wir haben uns nun entschlossen, den Kwakiutl einen eigenen Band zu widmen. Das bedeutet, daß die Westküste und die Makah in einen anderen Band hinübergenommen werden müssen. Ich bin mir zwar bewußt, daß dadurch diesem Teil von Britisch Kolumbien sehr viel Platz eingeräumt wird, aber es war fraglich, ob wir so viel Kwakiutl-Material hätten weglassen können, daß für die Westküste noch ausreichend Platz gewesen wäre. So sind wir zu der Entscheidung gelangt, lieber mehr von den Kwakiutl zu bringen, auch wenn das auf Kosten anderer, weniger interessanter Stämme gehen sollte. Das Kwakiutl-Material ist so einmalig, daß wir wahrscheinlich nie mehr etwas haben werden, was dem gleichkommt. Schon deshalb ist es bestimmt ganz besonders wichtig, daß es veröffentlicht wird (...).»

Das Jahr 1913 begann mit einer vertrauten Melodie, als Curtis – wieder in New York – hartnäckig seinem hohen Ziel nachjagte: der Dokumentation über die Indianer in Wort und Bild. «Mein sehr geehrter Mr. Hodge», schrieb er am 15. Januar, und gebrauchte wieder einmal die förmliche Anrede, vielleicht um jeden Verdacht eines Tadels in dem, was folgte, zu neutralisieren, «ich habe soeben einen Brief von der Druckerei bekommen, worin ich gebeten werde, alles zu unternehmen, um den Rücklauf der Korrekturen zu beschleunigen. Es ist im Augenblick höchst wichtig, daß wir schnell arbeiten, und aus diesem Grunde tun Sie bitte, was immer in Ihren Kräften steht, damit die Korrekturarbeiten rasch vorankommen. An Myers schreibe ich im gleichen Sinne. Ich werde Sie wahrscheinlich in zehn Tagen sehen. Ich freue mich, daß das Smithsonian Institute ein Exemplar der Bände angeschafft hat.»

In einem Schreiben vom 19. Februar bemerkt Curtis: «Ich lese in der Zeitung, daß Wanamaker eifrig mit seinem Denkmal für die Indianer beschäftigt ist. Wenn er sich nur vollständig der Fertigstellung dieses Monuments widmen und aufhören würde, Geld auszugeben, um meine Bilder nachzuahmen, dann wäre ich recht glücklich (...).» Mit Wanamaker war Lewis Rodman Wanamaker, der Kaufhaus-Millionär in Philadelphia, gemeint. Er hatte eine Expedition in das Indianergebiet entsandt, die – unter der Leitung eines Joseph Kossuth Dixon – historische Daten und dokumantarische Bilder von den Bräuchen und Sitten der Indianer, von Sport und Spielen, von ihren Kriegszügen, ihrer Religion und der Landschaft, in der sie lebten, sammeln sollte – kurzum also genau das zum Auftrag hatte, was Curtis machte. Da Wanamaker ein Auge für wirksame Werbung hatte und genug Geld, sie auch durchzuziehen, startete er eine komplette Imitation von Curtis' Werk. Unter Dixons Namen veröffentlichte er sein eigenes Werk, das ebenfalls den Titel ‹The North American Indian› trug und auch im Format die Curtis-Publikation kopierte, das aber aus einem einzigen Band von 222 Seiten bestand – einschließlich der 80 Photographien in genau jenem Sepia-Ton, der für Curtis' Reproduktionen typisch war.

Außerdem plante Wanamaker eine Kolossal-Statue aus Bronze, die der ‹untergehenden Rasse› gewidmet sein und am New Yorker Hafen aufgestellt werden sollte. Die Statue sollte größer sein als die Freiheitsstatue und einen Indianer darstellen, der seinen Arm nach indianischer Sitte als Friedenszeichen emporstreckt. Der Grund für die Fundamente des Denkmals wurde am 22. Februar 1913 auf einem Hügel von Fort Wadsworth ausgehoben, dort, wo heute die Brücke über die Verrazano Narrows auf Staten Island trifft. Präsident Taft und sein Kabinett wohnten der aus diesem Anlaß veranstalteten Feier ebenso bei wie Spitzen der Armee und Marine und zweiunddreißig Indianerhäuptlinge, die im Namen der nordamerikanischen Indianer eine ‹Treue-Erklärung gegenüber der Regierung der Vereinigten Staaten› abgaben. «Sie werden verstehen, daß sogar Gott geweint hat», schrieb Curtis an Hodge, womit er darauf anspielte, daß es bei der Feier geregnet hatte. Wanamakers Pläne für die Statue waren mit dem Ausbruch des ersten Weltkriegs dahin.

Offenbar waren außer Curtis auch noch andere von Wanamakers Aktivitäten unangenehm berührt. Als Curtis am 5. März Hodge über seine Reisen unterrichtet, sagt er: «Ich hatte eine lange Unterredung mit Professor Osborn. Er ist hundertprozentig auf unserer Seite und gar nicht sehr erfreut über gewisse andere Dinge. Zum Beispiel das Dixon-Erinnerungswerk. Ein großer Teil unserer Unterhaltung war zu vertraulich, als daß ich ihn der Post anvertrauen könnte. Ich möchte darüber mit Ihnen sprechen, wenn ich das nächste Mal in Washington bin.» Curtis erzählt infolgedessen nicht, wie Professor Osborns Einstellung gegenüber dem Wanamaker-Dixon-Unternehmen im einzelnen aussah und was möglicherweise getan wurde, um dem zu begegnen. Vielleicht ist eine aufschlußreiche Andeutung den Schlußworten dieses Briefes zu entnehmen: «Ich könnte mich totlachen, daß Lane [Franklin K. Lane, Jurist, Naturschützer und Indianerfreund] Innenminister geworden ist. Es geht doch nichts über einen engen, lebenslangen Freund in so einflußreicher Stellung.»

Im April 1913 starb J. Pierpont Morgan, und mit vieler Mühe wurde ein Gedenktext entworfen, der auf die erste Seite in Band 9 kommen sollte, was alle Kräfte fast einen Monat lang in Anspruch nahm. Außerdem schrieb Curtis eine Würdigung der Verdienste Morgans, die er auf einer Versammlung des Vorstandes von ‹The North American Indian› verlas; sie war auf dem gleichen Papier gedruckt wie das Buch, damit Subskribenten, wenn sie wollten, diese Seiten in ihr Exemplar einfügen konnten. Zur Zeit von Morgans Tod war Curtis in New York. «Unverzüglich machte ich mich daran, einen aktuellen Bericht über die finanzielle Lage des Projekts und eine Abrechnung zu erstellen, die ich den Revisoren der Morgan-Bank unterbreitete. Kurze Zeit darauf erhielt ich einen Anruf von der Bank, und es wurde mir mitgeteilt, daß Mr. Morgans Sohn mich zu sprechen wünsche.» Curtis ging am Tage darauf in die Bank, «buchstäblich betäubt vor Angst und Sorge, da ich wußte, daß praktisch alle Forschungsvorhaben des verstorbenen Morgan im Ausland telegraphisch gekündigt, daß ferner alle Kommissionsaufträge für Kunstkäufe zurückgerufen und daß viele seiner Gemälde verkauft worden waren. In Anbetracht all dessen hatte ich für die Fortführung des ‹North American Indian›-Projekts keine große Hoffnung.» Der junge Morgan begrüßte Curtis mit kräftigem Händedruck und ließ ihn nicht lange im Unklaren. «Ich kann Ihre Sorge, was aus dem ‹North American Indian› werden soll, recht gut nachfühlen», sagte Morgan. «Wir haben die Angelegenheit im Familienkreis gründlich besprochen und beschlossen, das Unternehmen so fortzuführen, wie Vater es vorhatte.»

Es gab ein paar Änderungen. Alle Maßnahmen zur Verkaufsförderung wurden eingestellt. Man wollte alle Energie darauf konzentrieren, die Arbeit bei den Indianern zum Abschluß zu bringen und die Bände zu veröffentlichen. Das Büro in der Fifth Avenue sollte geschlossen und alles Geschäftliche von der Morgan-Bank wahrgenommen werden. Curtis sollte seine Außenarbeit und die Arbeit am Buch so einrichten, daß er jeden Winter ein paar Wochen in New York verbringen könne. «Sofort setzte ich mich hin und arbeitete ein Programm für die Außenarbeit aus, nach dem die zwanzig Bände vervollständigt werden sollten», schreibt Curtis. «Ich berichtete Myers von unseren Plänen und den Plätzen, an denen wir in der kommenden Saison forschen wollten. Wir mußten die Saison bei den Mandan und Arikara am oberen Lauf des Missouri eröffnen.»

Als Curtis draußen eintraf, um die Arbeit aufzunehmen, fand er seine Mannschaft bereits vor. Der erste, der ihn begrüßte, als er am frühen Abend ankam, war ein jüngst angeworbener Mitarbeiter, der sich gleich beschwerte: «Wie bald können wir von hier wieder weg?» wollte er von Curtis wissen. «Die Mücken fressen uns auf!» – «Zur Hölle mit Ihren Mücken!» erwiderte Curtis. «Wir sind hier, um zu arbeiten, und bleiben so lange, bis die Arbeit getan ist. Wenn Sie die Mücken nicht ertragen, brauchen Sie nur drei Tage zu marschieren, dann sind Sie am nächsten Bahnhof.»

Ende 1913 wurde der Preis für das Werk heraufgesetzt. Da Curtis in Britisch Kolumbien weilte, wo er seit August arbeitete, hörte Hodge davon durch Lewis Albert, Curtis' New Yorker Sekretär. «Bei einer Vorstandssitzung der ‹The North American Indian›-Gesellschaft», schrieb Albert am 8. November, «wurde beschlossen, daß ab 1. Januar 1914 der Subskriptionspreis für alle noch nicht verkauften Exemplare von ‹The North American Indian› erhöht werden solle. Diese Erhöhung ist notwendig, um die Kosten für Forschung und Herstellung der Bücher wenigstens annähernd zu decken. Ab 1. Januar 1914 wird die reguläre Ausgabe – gleichgültig, ob auf Van Geldern oder Japan Velin gedruckt – für 3500 Dollar verkauft. Und wenn zu diesem Zeitpunkt die Exemplare der Luxusausgabe noch nicht ausverkauft sind, soll deren Preis auf 4500 Dollar erhöht werden. Das berührt selbstverständlich Ihren Vertrag in keiner Weise; wir wollen Ihnen den Vorgang lediglich zur Kenntnis geben (...).»

Um diese Zeit verlor Curtis in Seattle einen seiner wichtigsten Mitarbeiter. A.F. Muhr, der Hexenmeister in der Dunkelkammer, der das Bild ‹Die untergehende Rasse› aus einer Platte hervorgezaubert hatte, die nach Curtis' Eindruck hoffnungslos unterbelichtet gewesen sein mußte, starb ganz plötzlich. «Es passierte gegen Schluß eines arbeitsreichen Tages, am Ende einer Woche, und ohne jede Vorwarnung», schrieb Curtis am 24. November. «Ich war zu der Zeit geschäftlich unterwegs und kehrte so schnell wie möglich zurück. Für den Rest des Jahres muß ich nun im Atelier bleiben und versuchen, die Arbeit so zu organisieren, daß ich wenigstens einigermaßen frei von den Ateliergeschäften bleibe.»

Am Tage vor Weihnachten beantwortete Curtis eine Anfrage von Hodge. «Edward Sheriff Curtis ist der ganze Name, wenn Sie ihn ausschreiben. Der Teil ‹Sheriff› kommt von der mütterli-

Kachina-Puppen – Hopi. Die Kachinas gehören zu den Hauptgottheiten der Hopi; sie sind übernatürliche menschenähnliche Wesen und bewohnen die Wasserwelt, die sich unter der Erde erstreckt. Die ersten Kachinas konnte man noch leiblich sehen, aber weil die Menschen ihnen nicht die schuldige Rücksichtnahme gewährten, wurden sie unsichtbar. Sie werden jetzt von maskierten Tänzern dargestellt.

Besuch kommt – Hopi. Umgänglichkeit und sonniges Gemüt scheinen auf den ersten Blick die vorherrschenden Charakterzüge der Hopi zu sein. Man sollte aber diese Freundlichkeit nicht ausnutzen, sonst trifft man auf kalte Zurückhaltung, schlechtverhohlene Ablehnung oder gar offene Feindseligkeit.

Ein Washo-Prunkstück. Dieses bemerkenswerte Beispiel von besticktem Flechtwerk ist das Werk von Datsolali, einer alten Frau, die in Carson wohnt. Ihre Arbeit findet, was die Feinheit und Regelmäßigkeit der Stiche, die vollendete Symmetrie und die Weichheit und harmonische Mischung der Schatten auf dem strohfarbenen Untergrund und in den braunen und schwarzen Mustern anbelangt, selten ihresgleichen.

Walpi. Das malerische Walpi, das sich auf dem Gipfel einer Felseninsel in einem Meer von Sand erhebt, ist eine regellos wuchernde Gemeinschaftsanlage, die ohne allgemeinen Plan gebaut und, je nach Bedarf, willkürlich erweitert wurde. Dennoch stellt sie ein vollkommen befriedigendes künstlerisches Ganzes dar.

chen Seite; die Familie meiner Mutter ist englischen Ursprungs und trug diesen Namen. Ich habe einen wahren Wirbelwind von Arbeit hier im Atelier hinter mir», fuhr er fort. Aber zum ersten Male, soweit Hodge zurückdenken konnte, war Curtis nicht in Eile. «Ich werde zwar schon jetzt sofort mit der Versendung von Platten für Band 10 an Andrew [John Andrew und Sohn, Druckerei in Boston] beginnen, aber nicht, um die Veröffentlichung zu forcieren. Ich möchte nur, daß sie fertig sind, sobald sie gebraucht werden. (...) Aufgrund der Berichte über die allgemeine Wirtschaftslage muß man annehmen, daß die Bedingungen im Osten etwas besorgniserregend sind, und diese Tatsache läßt es ratsam erscheinen, sich die Sache zweimal zu überlegen, bevor man ein größeres finanzielles Risiko eingeht (...).»

Vom neuen Jahr 1914 war schon einige Zeit verstrichen, als Curtis nach New York zurückkehrte und sich über einen Kritiker ärgern mußte. Wie gewöhnlich wandte er sich an Hodge um Hilfe. «Als Sie das Manuskript von Band 9 erhielten», schrieb er am 3. Februar, «erinnere ich mich, daß Sie mir mitteilten, nach Ihrem Dafürhalten sei das Material besonders gut, und später, als wir uns sprachen, äußerten Sie sich mündlich in gleichem Sinne. Aus irgendeinem unerfindlichen Grunde hat Mr. Pegram [vielleicht einer der Direktoren der ‹The North American Indian'-Gesellschaft] sich in den Kopf gesetzt, daß dieser Band 9 nicht das Niveau der bisherigen Bände halte. Wenn es nicht zu viel verlangt ist, möchte ich Sie bitten, Ihre Gedanken noch einmal zu dieser alten Sache zurückzulenken. Vielleicht können Sie feststellen, an welchem Tage ungefähr Sie jenes Material erhalten haben und mir schreiben (...), wie Sie es beurteilen. Ich besitze auch Ihren Brief vom 15. Januar, worin Sie den Erhalt des Manuskriptes für Band 10 bestätigen. Auch hier möchte ich Sie bitten, das Manuskript zu überfliegen, falls Sie es nicht schon getan haben, und mich Ihren Eindruck wissen zu lassen. Selbstverständlich ist das Material dieses Bandes völlig anders als das übliche, und diese Tatsache öffnet kritischen Kommentaren Tor und Tür. Mir liegt gerade im Augenblick viel daran, Pegram zu überzeugen, daß das Werk von Band zu Band stärker wird und nicht schwächer, und wenn Sie mir dabei helfen können, wäre mir das sehr lieb. Unsere Jahres-Versammlung findet am Donnerstag nächster Woche statt, deshalb brauche ich alles sehr bald.» Hodge entsprach Curtis' Bitte postwendend – allerdings nur zu einem Teil. «Der Brief betreffend Band 9 ist genau das, was ich wollte», antwortete Curtis. «Aber Sie haben meine Bitte um einen Kommentar zu dem neuesten Material für Band 10 übersehen. Dieses Manuskript ist so ungewöhnlich, daß Sie ganz begeistert urteilen werden. Können Sie mir nicht gleich ein paar Worte dazu schicken, so daß ich sie für Donnerstag habe?»

Curtis Ärger über seinen Kritiker wurde ein paar Wochen später durch einen kurzen Auszug aus dem ‹Collective Blue Book› besänftigt. Er lachte sich ins Fäustchen wie ein kleiner Schuljunge, der seinen Lehrer bei einem Fehler ertappt hat, als er am 17. Februar an Hodge schrieb. «Der Fall wäre nicht der Erwähnung wert, wenn es sich nicht um die Namen ‹Doktor Hallock› und ‹Harvard Universität› handelte. Mein Gott, mein Gott! Hat die Presse sich mit unserem Doktor einen Spaß erlaubt oder hat der zu tief ins Glas geschaut und geträumt? Wenn Dr. Holmes das noch nicht gesehen hat, dann schicken Sie es ihm doch bitte, aber ohne meinen unehrerbietigen Kommentar (...).» Jene Passage, die auf Curtis solchen Eindruck machte, lautete: «Daß Nordamerika das biblische Land Nod ist und daß die erste von Kain, dem Sohn Adams, gegründete Stadt im Klamath-Lake-Land in Süd-Oregon lag, ist die überraschende Entdeckung des Archäologen Dr. Charles Hallock, die er kürzlich im Peabody Museum der Harvard Universität zu den Akten gab. Dr. Hallock hat umfangreiche Forschungen im Klamath-Gebiet abgeschlossen und Beweise für eine Hochkultur gefunden, die während einer sehr lang zurückliegenden Periode dort in Blüte gestanden hat.»

Band 10 war auf dem Weg in die Druckerei und Curtis wieder einmal im Begriff, nach Britisch Kulumbien aufzubrechen, als eine unbekannte höhere Gerechtigkeit in seinem Interesse tätig geworden zu sein scheint. «Ich glaube, daß Dixon schließlich den Lohn erhält, den er verdient», schrieb er an Hodge am 1. April 1914. «Ich bin recht froh, daß ich der Versuchung widerstanden habe, ihm den Mund zu stopfen; es ist wirklich besser, du überläßt es anderen Leuten, deine Schlangen zu töten. Ich bin ein paar Wochen nicht ganz auf Deck gewesen, aber wenn nichts dazwischen kommt, hoffe ich, am kommenden Montag in Washington zu sein. Ich möchte Staatssekretär Lane und seinem neuen Kommissar einen Höflichkeitsbesuch abstatten (...).»

Offenbar hing es damit zusammen, daß Britisch Kolumbien so weit vom Schuß lag, wenn Curtis sich Sorgen machte, ob Hodge mit seinem Arbeitstempo auch Schritt hielte. In einem Ton, den wir schon von früher kennen, schrieb er ihm am 20. Juni aus Port Hardy: «Myers und ich sind gespannt zu hören, wie Sie mit der Arbeit am Manuskript vorankommen. Ich hoffe, daß Sie so gut wie fertig sind. Lassen Sie es uns bitte wissen. Adressieren Sie aber lieber ans Studio Curtis in Seattle, da ich nicht sagen kann, wie lange wir noch hier unter dieser Anschrift erreichbar sein werden. (...) Unsere Tätigkeit hier kann man schon nicht mehr als Arbeit bezeichnen, sondern eher als Schufterei; aber alles geht gut.»

Anscheinend erfuhr Curtis bei diesem neuerlichen Besuch in Britisch Kolumbien vom ‹Er-Regen› und ‹Sie-Regen›. Als er mit seinem Schiff im sicheren Port Hardy – in der Nähe des oberen Endes der inneren Passage zwischen Vancouver Island und dem Festland – vor Anker lag, wanderte er bei stürmischem Wetter über die Insel, um einen ganz bestimmten weisen Mann vom Koskimo-Stamme an der Westküste zu besuchen. Mit von der Partie waren Myers, Hunt und Schwinke, die, wie Curtis selbst auch, je einen fünfzig Pfund schweren Sack auf dem Rücken trugen. «Wir reisten mit leichtem Gepäck, das heißt mit geringem Proviant, beschränkter Kochausrüstung, wenig Dekken und nur dem notwendigsten Kamera und Filmmaterial», berichtet Curtis, wobei man sich über seine Vorstellung von ‹leichtem Gepäck› nur wundern kann. »Der Pfad durch den dichten, dschungelähnlichen Wald war uneben und mit Schlamm bedeckt», fährt er fort. «Die Senkungen standen voll Wasser, das manchmal über unsere Stiefelschäfte ging und bis zur Hüfte reichte. Der Himmel weinte. Es war ein charakteristischer ‹Sie-Regen› des Nord-Pazifik, wie er im Herbst sowie im Winter und im Frühjahr zu fallen pflegt. In jener Gegend teilen die Eingeborenen ihre Regenfälle nach Geschlechtern ein. Ein ‹Sie-Regen› ist ein angenehmer, schmeichelnder, anschmiegsamer und beständiger, während der ‹Er-Regen› in jeder Beziehung das genaue Gegenteil darstellt – mit Ausnahme der Beständigkeit.»

In diesem ‹Sie-Regen› patschten die vier mühsam voran, die Meilen wurden immer länger, die Gurte der Rucksäcke schnitten in die Schultern ein, und ihre Füße schienen «in bleibeschwerten Taucherstiefeln zu stecken». «So stolperten und fielen wir in der diesigen, regennassen Dunkelheit, bis wir zu einer am Rande des Wassers gelegenen, verlassenen Fischerhütte gelangten. Es war gewiß kein Palast; im Gegenteil, das von Flöhen befallene Interieur war stickig und übelriechend, aber wir konnten es uns nicht erlauben, heikel zu sein. Wenigstens war es ein Ort, an dem wir unsere schweren Packsäcke ablegen und unsere müden Knochen ausruhen konnten. In der Mitte des Daches befand sich ein Loch als Rauchabzug. Darunter machten wir Feuer, und nach kurzer Zeit begannen unsere regennassen Kleider zu dampfen.»

Am nächsten Morgen regnete es immer noch. «Wir fanden ein altes, halb zerfallenes Ruderboot, und in ein paar Stunden gelang es uns, die Löcher zu flicken. Einige von uns schöpften Wasser, während die anderen ruderten. Bald änderte aber der Regen sein Geschlecht. Der Wettergott zog den Stöpsel heraus und wir bekamen ‹Er-Regen›; ja, ich glaube der Regen war sogar übergeschlechtlich. In Anbetracht des Regens, des Windes und unseres lecken Schiffes hielten wir auf das Ufer zu, um dort Schutz zu suchen. Aber der einzige Schutz weit und breit war eine große Zeder mit dicken, lang herunterhängenden Zweigen. Rund um den Stamm dieser unserer Zuflucht krochen wir eng aneinander und blieben so zusammengekauert für vierundzwanzig Stunden sitzen. Ein Wasserfall ergoß sich von den herabhängenden Zweigen – unser Dach (...) vermochte nicht mehr, als uns gerade noch vor dem Ertrinken zu bewahren. Ich fürchtete deshalb, daß das Wasser womöglich die Ölhaut-Verpackung von Kamera und Notizbüchern durchdringen könnte.» Der Regen wechselte wieder sein Geschlecht und hörte schließlich ganz auf. Über die amtliche Wetterstation erfuhr Curtis später, daß in jeder einzelnen von jenen vierundzwanzig Stunden, während deren sie unter dem Baum gesessen hatten, fast 2,5 cm Regen gefallen war, insgesamt 55 cm. «Ich habe zwar in der Wüste schon Wolkenbrüche erlebt, bei denen die Niederschlagshöhe pro Minute noch höher war», bemerkte Curtis dazu, «aber dies waren die nassesten vierundzwanzig Stunden, die ich jemals mitgemacht habe.»

Gegen Ende des Jahres lief Curtis' Film ‹Land of the Head Hunters [Land der Kopfjäger]› an. Unter den Premierengästen befand sich Francis W. Kelsey, der Mann in Ann Arbor, dem Curtis in den ersten Tagen des Jahres 1912 hatte schreiben müssen, daß er seine Vortragsreise absagen müsse. «Ich muß Ihnen sagen, wie entzückt ich über ihren dramatischen Film war», schrieb Kelsey am 8. Dezember 1914 an Curtis. «Er eröffnet den Blick in eine neue Welt. Es ist ein wundervolles Werk, bemerkenswert sowohl in seiner Schönheit der Szenerie als auch in seiner poetischen Konzeption, bemerkenswert aber auch wegen der dramatischen Spannung und der Schnelligkeit des Geschehens. All dies ist bei einem solchen Werk selten anzutreffen (...).» Curtis schickte Kelseys Brief an Hodge nach Washington und bemerkte dazu nur etwas rätselhaft, daß die Filmaufführung «Probleme aufwerfe» – ohne zu sagen, welche. Was für Probleme auch immer es gewesen sein mögen, er fühlte sich vielleicht wohler, nachdem auch das ‹American Museum of Natural History› den künstlerischen Erfolg des Films bestätigt hatte; denn Alanson Skinner, der stellvertretende Kurator des Museums, schrieb ihm: «Am letzten Sonnabend hatte ich das Vergnügen, eine Aufführung Ihres Filmwerkes ‹Land of the Head Hunters› beizuwohnen. Noch niemals habe ich ein so schönes und gutes Porträt vom Leben unserer Indianer gesehen. Die Ausstattung, die Kostüme und die Handlung selbst – alles war ethnologisch korrekt, und die dramatische Spannung war gut verteilt. Meiner Überzeugung nach ist es Ihnen in bewunderungswürdiger Weise gelungen, Ethnologie lebendig zu gestalten und sie künstlerisch und dramatisch interessant zu machen. Bitte nehmen Sie dazu meine herzlichsten Glückwünsche entgegen.»

Das Jahr 1915 begann unter ungünstigen Vorzeichen, mit einer Stockung bei den Druckern. Curtis drängelte ungeduldig und fragte an, wann sie endlich das Material für den Buchbinder fertig hätten. Die Antwort der Druckerei sandte er an Hodge, der anscheinend für die Verzögerung

Obsidian-Träger, Weißer Hirschleder-Tanz – Hupa. Der Weiße Hirschleder-Tanz war eine spektakuläre, dabei tief religiöse Angelegenheit. Eine Reihe von Tänzern war auf jeder Seite von einem Mann flankiert, der eine große Klinge aus rotem Obsidian-Stein trug. Sein Stirnband war mit neun Seelöwenzähnen verziert, die so angebracht waren, daß sie nach außen wiesen und mit ihrer Spitze nach oben zeigten.
Hupa-Mutter mit Kind. Wiegenkörbe waren aus durchbrochenem Flechtwerk und hatten ungefähr die Form eines Bootes mit hohem überdecktem Bug (dem Fußende der Wiege) und einem schmalen, quer abgeschnittenen Heck (dem Kopfende). Das Dollbord am Heck ist nicht mit abgeschnitten, sondern zu einem Griff geformt, der sich über dem Kopf des Kindes befindet.

verantwortlich war. «Wir kommen mit dem Druck nicht voran, weil wir die Korrekturfahnen nicht zurückbekommen», erklärte der Drucker gegenüber Curtis. «Bisher wagte ich nicht, mit dem Druck zu beginnen, solange ich diese Korrekturen noch nicht habe. Auf Ihren Brief hin will ich den Stier bei den Hörnern packen und mit dem Druck anfangen in der Hoffnung, daß keine Korrekturen mehr anfallen. Es wäre gut, wenn Sie an Dr. Hodge mit der Bitte herantreten würden, alle Korrekturen sofort an uns zurückzugeben (...).» Curtis fügte dem noch hinzu: «Unternehmen Sie bitte alles, was den Druck zu beschleunigen geeignet ist. Die Herstellung unseres Buches geht so schleppend voran, daß eine äußerst kritische finanzielle Situation droht (...).» Vier Tage später, am 3. März 1915, schreibt Curtis in versöhnlicherem Ton: «Ich vermute, die Verzögerung mit den Korrekturen wurde dadurch verursacht, daß zwei oder drei Sendungen bei der Post verloren gingen. Ich wollte mich keinesfalls bei Ihnen beschweren (...).»

Dann war über ein Jahr lang nichts von Curtis zu hören. Sein Schweigen, für das es keine Erklärung gibt, endete, als er Ende Mai 1916 aus New York an Hodge schrieb und ihm ein Manuskript sandte, dessen Herausgabe ihm ein Verleger angetragen hatte. Er bemerkte in seinem Brief: «Es scheint mir recht dürftig zu sein.» Da das Geld nach wie vor knapp war, verursachte es einige Aufregung, als Hodge ein paar Tage vor Weihnachten 1916 dem ‹North American Indian› überraschend 1000 Dollar überweisen konnte. Dr. A.H. Hrdlicka, Kurator des Nationalmuseums in Washington D.C., hatte an Hodge ein Telegramm weitergereicht, in dem der Direktor des

Hupa-Geldbörsen und -Geld. Muschelschnüre waren die Hauptwährung bei den Hupa. Die längeren Schnüre wurden mit je fünf Dollar bewertet. Gegenstände von solchem Wert mußten an sicherem Ort aufbewahrt werden. Ein reicher Mann besaß infolgedessen eine sehr hübsche Börse, die dadurch hergestellt wurde, daß man in ein ca. 16 cm langes Elchgeweihstück eine längliche Öffnung bohrte.

Königlichen Ethnologischen Museums in Stockholm bat, ihm mit dem nächsten Schiff eine Auswahl von 100 Phonogrammen mit indianischen Gesängen zu schicken. Er fügte hinzu, daß er mit gleicher Post tausend Dollar als Gegenleistung absenden werde. Hodge gab den Auftrag sofort an Curtis im New Yorker Büro des ‹North American Indian› weiter. «Bitte lassen Sie mich sofort wissen, was Sie tun können», schrieb Hodge dazu. «Ich dachte, Sie könnten vielleicht einige der Gesangsaufnahmen entbehren, die Sie draußen gemacht haben und die schon übertragen und veröffentlicht worden sind.» Aber Curtis war im Südwesten. So antwortete sein Sekretär Lewis Albert: «Ich habe die in Ihrem Brief enthaltene Nachricht telegraphisch an Curtis weitergeleitet (...).» Curtis trat daraufhin unmittelbar mit Hodge in Verbindung und schrieb ihm aus Bouse in Arizona: «Die Bestellung kommt in einem Augenblick, in dem es ziemlich schwierig ist, sich mit dieser Sache zu befassen. Myers ist hier bei mir, unsere Tonaufnahmen befinden sich aber noch in Seattle. Um sie in einer Form liefern zu können, in der allein sie den gewünschten Dienst tun, müßte man die Sammlung durchsehen, die verschiedenen Aufnahmen abhören, eine Auswahl treffen und diese katalogisieren. Das alles können wir aber selbstverständlich nicht in kurzer Frist bewältigen. Bitte schreiben Sie mir nach Bouse, Arizona, ob die Tonaufnahmen noch gebraucht werden und was Sie sonst noch in diesem Zusammenhang in Erfahrung bringen können. Danach werde ich alle Tonaufnahmen hierher kommen lassen. Dann können wir die Auswahl vornehmen und das Material auf die Bahn bringen. Wahrscheinlich können Sie das Gewünschte aber auch in Washington auftreiben und in kürzerer Frist abschicken.»

Im Jahre 1920 stürzte der Himmel über Curtis ein. Familiäre Probleme, die ihn schon eine Reihe von Jahren beschäftigt hatten, erreichten ihren Höhepunkt, als seine Frau sich von ihm scheiden ließ. Das Gericht scheint eine etwas eigene Vorstellung von Gerechtigkeit gehabt zu haben und sprach praktisch alles, was er besaß, ihr zu – zwar nicht gerade die Schuhe, die er anhatte, dafür aber die wertvollen Negative, sein Lebenswerk. Die Tatsache, daß das meiste davon der ‹North American Indian Corporation› gehörte, störte den Richter nicht weiter. Und Curtis war zu arm, den Kampf gegen dieses Urteil aufnehmen zu können. Schwer angeschlagen siedelte er nach Los Angeles über und fing wieder von vorne an. Seine Tochter Beth blieb bei ihm und stand ihm bei der Eröffnung eines neuen Ateliers am South Rampart Boulevard zur Seite. Trotz Krieg, Armut und einer Seuchenerkrankung – er wurde von der Grippe-Epidemie von 1918 erfaßt –, und obwohl er über den Verlust seines Hauses in schwere Depressionen fiel, machte Curtis weiter, fest entschlossen, ‹The North American Indian› zu vollenden. Wenn er irgendwelche bitteren Gefühle seiner Frau gegenüber gehabt haben sollte, so ließ er sich jedenfalls nichts davon merken. «Vater sagte nie ein unfreundliches Wort über sie», berichtet Tochter Florence.

Florence Curtis und zwei indianische Führer zu Beginn eines Ausflugs, den Curtis im Sommer 1923 den Klamath-Fluß hinab unternahm.
Florence Curtis im Lager in der Nähe von Ukiah in Californien, Sommer 1923.

Curtis, der ein sehr vernünftiger Mann war, hätte wahrscheinlich Angus McMillan recht gegeben, mit dem er von Seattle her nur flüchtig bekannt war – flüchtig, weil Curtis ja «niemals dort war» –, der aber später in Los Angeles einer seiner Freunde wurde. McMillan erklärte nämlich dazu: «Curtis kam ein- oder zweimal im Jahr nach Hause. Und bei allem schuldigen Respekt gegenüber Dad», – er benutzte hier den Namen, mit dem die Familienangehörigen und die engen Freunde Curtis anredeten – «Ich kann mir keine Frau vorstellen, die das lange mitmacht.»

Im Jahre 1922 erschien Band 12, Die Frucht der jahrelangen Arbeit bei den Hopi von Arizona; und Anfang des darauffolgenden Jahres berichtete Curtis Hodge von der «laufenden Arbeit» aus der neuen Behausung der ‹Curtis-Indianer› in Los Angeles. Es klang wie in alten Zeiten: «Ich habe», so schrieb er am 7. Februar, «die Bilder für die zwei Bände, die Nord-Kalifornien und Süd-Oregon behandeln, beisammen. Die Aufnahmen für den Nord-Band sind schon nach Boston abgegangen, und auch die Texte sind satzfertig. Der zweite Band dieses Paares wird in die Herstellung gehen, sobald wir mit dem ersten nichts mehr zu tun haben. Ich hoffe, daß ich lange genug draußen im Lager sein kann, um im kommenden Sommer Aufnahmen für ein oder zwei Bände zu machen.» Curtis begab sich in der Tat, sobald warmes Wetter eintrat, ins Lager und arbeitete im nördlichen Kalifornien.

Sein Aufenthalt in der wilden Natur wurde für einige Monate dadurch verschönt, daß seine Tochter Florence ihm Gesellschaft leistete. Es war für Florence die erste Gelegenheit seit vielen Jahren, ihrem Vater näherzukommen. Das letzte Mal hatte sie ihn als sechsjähriges Mädchen begleitet, im Cañon de Chelly in Arizona. Dieser unvergeßliche Ausflug hatte damals in einer wilden Flucht vor den Indianern ein Ende gefunden. «Bei all seiner Stärke und Tapferkeit war er ein höflicher, feinfühliger Mann und ein wundervoller Kamerad», schreibt Florence über ihren Vater.

«Er verfügte über ein großes, unerschöpfliches Wissen über jene freie Wildbahn, mit der er sich verbunden fühlte und in der er jedes Jahr so viele Monate zuzubringen pflegte. Er kannte die Bäume, die Tiere, die Vögel und die Blumen. Mit ihm in der freien Natur zu kampieren, war ein unvergeßliches Erlebnis.» Wie sehr ihr Vater alles, was ihn umgab, mit den Augen des Photographen sah, erfuhr Florence eines Abends, als sie einen Platz ausgesucht hatte, an dem sie das Zelt aufschlagen wollte. «Nicht hier – besser dort drüben», meinte er und wies auf eine nur ein paar Meter entfernte Stelle. Als das Zelt aufgestellt war, fragte Florence etwas verblüfft: «Was ist denn schon für ein Unterschied zwischen der Stelle, die ich ausgesucht habe, und dieser hier?» – «Diese hier, mein Kind, läßt sich besser photographieren», erklärte ihr Vater.

Myers hatte schon zuvor in dieser Gegend Material gesammelt, und Curtis ergänzte es nun durch seine Aufnahmen. «Es war interessant, ihm bei der Arbeit zuzusehen», berichtet Florence, «Er ging mit den Indianern ausgesprochen freundlich um, jedoch ohne falsche Vertraulichkeit. Sie schienen instinktiv seine Aufrichtigkeit zu spüren.» Diesen Sommer über waren sie ohne Dunkelkammer-Zelt. Curtis hatte es als entbehrlichen Ballast aufgegeben, um im Chevrolet Coupé, mit dem er und Florence reisten, Raum zu gewinnen für wichtigere Dinge wie ihr Zelt, Feldbetten, Proviantvorräte, einen Coleman-Ofen, Kameras und Filme.

«Er arbeitete schnell», beobachtete Florence. «Er war gewandt und beherrschte sein Handwerk absolut; das sonst übliche, umständliche Hin und Her gab es bei ihm nicht. In ein paar Minuten war alles vorbei. Und er blieb bei seiner Arbeit den ganzen Tag. Er photographierte, auch wenn die Sonne einmal nicht schien.» Eines Tages war trübes Wetter, die Luft war feucht und Nebelschwaden zogen gleichermaßen aus dem wolkenverhangenen Himmel wie vom Meer heran. Es sah so aus, als müsse Curtis diesmal doch kapitulieren. «Ich war gespannt, wie Vater es anstellen würde, unter solchen Umständen Aufnahmen zu machen», erinnert sich Florence, «aber er brachte es tatsächlich fertig.» Er fand ein junges Mädchen vom Smith-River-Stamm, photographierte es auf einer Klippe, von der man auf den Ozean hinausblickte, und mit zwei oder drei Belichtungen machte er Aufnahmen, denen man nicht anmerkte, daß sie unter Bedingungen zustande gekommen waren, die es nahegelegt hätten, mit Unterwassermethoden zu arbeiten. Und noch heute, über ein halbes Jahrhundert später, schaut die junge Dame – angetan mit ihrem besten Kleid, den kleinen geflochtenen Hut tief in die Stirne gedrückt – mit scheuem Lächeln am Betrachter vorbei auf das Meer hinaus, ungewohnt, den Mittelpunkt der Aufmerksamkeit zu bilden.

Am Ende seines arbeitsreichen Tages machte Curtis noch mit einer anderen Fähigkeit auf seine Tochter Eindruck, mit seiner Kochkunst nämlich. Den Grund zu dieser Meisterschaft hatte er vielleicht schon in der Jugend gelegt, als er Salzkartoffeln und Bisamrattenschenkel zubereitete. Sie erinnerte sich, wie er bereits im Cañon de Chelly Indianer-Brot, geröstete Maiskolben und Lammkoteletts vom Holzkohlengrill serviert hatte. Und seitdem hatte er noch erheblich dazugelernt. «Im Osten wie im Westen war er bekannt für seine hervorragende Salatsoße mit Roquefort», berichtet Florence. «In Teddy Roosevelts Familie war es Tradition geworden, daß Curtis, wenn er zu Besuch kam, die Roquefort-Soße machen mußte.» Aber seine lukullischen Künste beschränkten sich nicht auf Salatsoßen. «Er war», wie Florence sich erinnert, «groß im Zubereiten von Lachs und legte großen Wert darauf, daß der Fisch nicht in senkrechte Scheiben geschnitten, sondern der Länge nach waagrecht aufgetrennt wurde, weil auf diese Weise die Haut unversehrt blieb und das Fleisch seinen Saft behielt. Vater war Experte in der Zubereitung eines schmackhaften Käse-Omeletts, das er auf unserem kleinen Coleman-Herd backte; dazu gab es dann in der Pfanne geröstetes Brot. Besonders achtete er auch darauf, das Gemüse so zu kochen, daß nichts von seinem Aroma verlorenging. Ich habe von ihm gelernt, wie man Pfirsiche in Sirup weichkocht, und daß Apfelsoße ganz frisch sein muß, denn andernfalls, sagte er, lohne es sich erst gar nicht, sie zu essen. Er war eben in der Küche derselbe Perfektionist wie beim Photographieren.»

Klamath-Kind. Die Kinder erhielten ihren Namen nach irgendeinem besonders auffälligen Merkmal ihres Aussehens oder ihres Wesens, und diesen Namen behielten sie dann ihr Leben lang. Beispiele solcher Männernamen sind: ‹Rauher Hals›, ‹Großer Mund› oder ‹Krauses Haar›.
Hupa-Frau in ihrer Eingeborenen-Tracht. Dieses ist ein ausgezeichnetes Beispiel für die Galakleidung der Hupa-Frauen. Der hirschlederne Rock ist um die Hüften geschlungen und stößt auf der Vorderseite zusammen; die Öffnung ist dann nochmals mit einem rockähnlichem Kleidungsstück bedeckt. Beide sind mit Fransen und Perlen verziert, die Schürzenbänder mit Schalen von Piniennüssen geschmückt.

Medizinanrühren – Zuñi. Medizin und aus Mineralien gewonnene Pigmente werden in kleinen steinernen Mörsern mit einem vom Wasser geglätteten Kieselstein zermahlen.

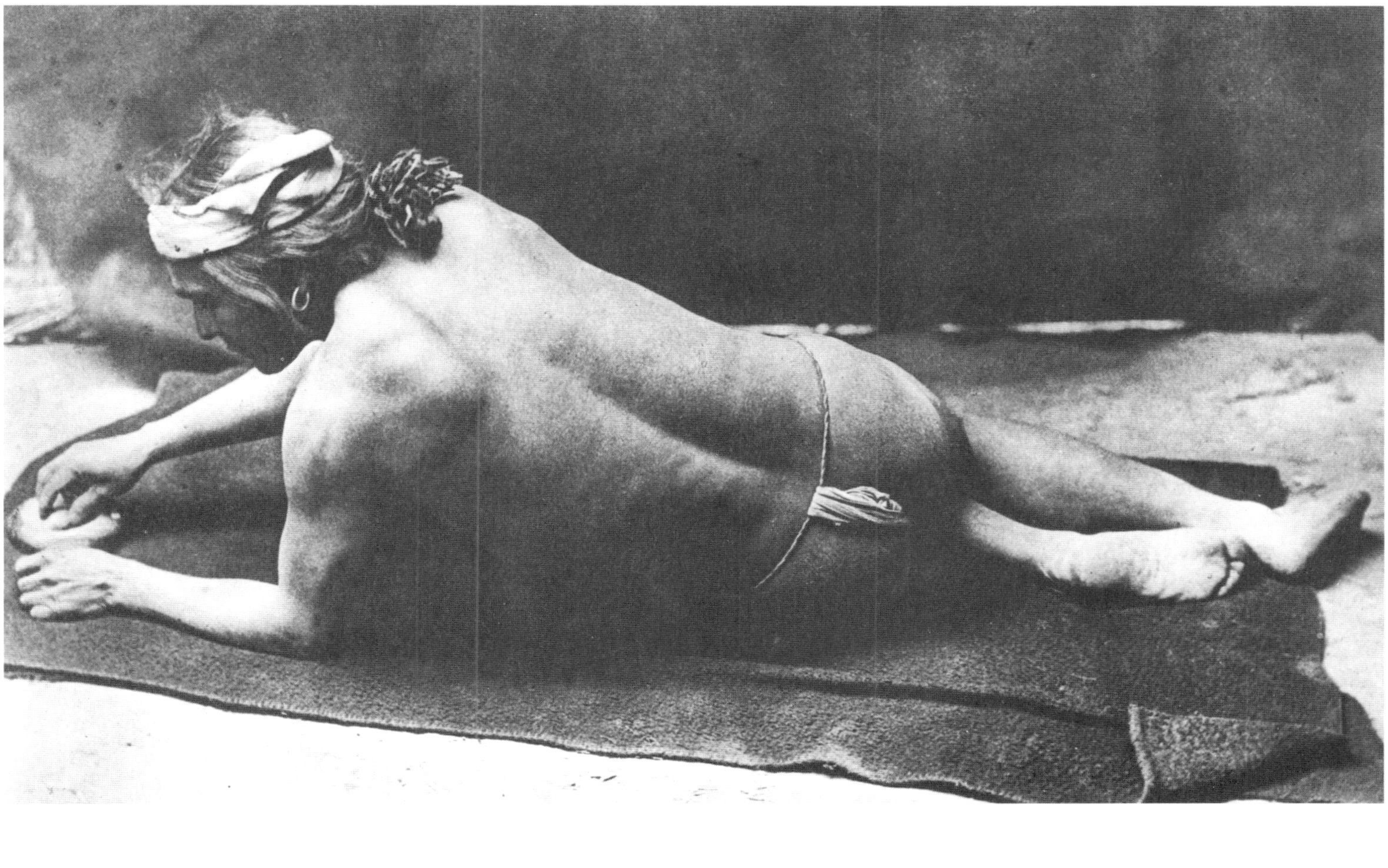

Trotz all der Widrigkeiten, die sich Curtis in den Weg stellten, verlor er im Laufe der Zeit nichts von seiner Passion für wissenschaftliche Akribie. Am 28. November 1924 antwortete er Hodge, der nach gewissen «indianischen Zeremonien im Südwesten, die möglicherweise von anstößigem Charakter seien», gefragt hatte. «Eingehende Nachforschungen im Rio Grande-Gebiet erweisen, daß es mancherlei Zeremonien oder zeremonielle Teilhandlungen gibt, die eindeutig obszöner Art sind. Wie wir alle wissen, tragen wachsende Bildung und die Berührung mit der Zivilisation stark dazu bei, solche Zeremonien auszumerzen. Unglücklicherweise hat Collier [John Collier, geschäftsführender Sekretär der ‹American Indian Defense League›, später Kommissar für indianische Angelegenheiten] in seiner völligen Unkenntnis der Sache und von dem Wunsch beseelt, einen populären Angriffspunkt zu finden, von dem aus er etwas für die Unterstützung der Indianer tun kann, entscheidend dazu beigetragen, die fast schon vergessenen, höchst anstößigen Bräuche wieder aufleben zu lassen. Da ich bald in New York sein werde, will ich mich jetzt über dieses Thema nicht weiter verbreiten – es ist zu umfangreich und zu kompliziert für einen Brief, dessen Umfang sich einigermaßen in Grenzen halten soll. Selbstverständlich werden wir im ‹The North American Indian› diese Dinge nicht etwa propagieren. Wir werden solche Zeremonien gerade so weit erwähnen, wie das in unserem Werk angebracht ist. (...) In unserer laufenden Arbeit haben wir eine Menge an neuem Material über die indianischen Zeremonien sichergestellt, besonders die in Santo Domingo [Neu Mexiko]. Wie Sie wissen, ist Santo Domingo das Gewächshaus all dieser alten Zeremonien; und von Santo Domingo aus agiert auch das Hinrichtungskommando, das sich alle Verräter vornimmt, ganz gleich aus welchem Dorf sie kommen. Es war eine Gruppe aus Santo Domingo, die den Mann verschwinden ließ, der Mrs. Stevenson zuviel erzählt hatte.»

In Band 17 von ‹The North American Indian› berichtet Curtis ausführlich von der Scheu der Pueblo-Indianer, über ihre religiösen Bräuche zu sprechen. «Die meisten Indianer wollen ihre religiösen Überzeugungen nicht preisgeben, aber mit Takt, Geduld und Zielstrebigkeit kann man im allgemeinen doch die gewünschten Informationen erhalten. Aber am Rio Grande trifft man auf eine so mächtige und gut organisierte Opposition gegen die Weitergabe von Informationen, daß in Santo Domingo, der aufsässigsten von allen Eingeborenen-Siedlungen, vor dem Verrat interner Nachrichten an Weiße öffentlich gewarnt wurde. Und in mehr als einem Dorfe haben die Priester aus Rache Stammesangehörige hingerichtet, die so tollkühn gewesen waren, die Gebote ihres Stammes zu mißachten.» Der Indianer, den sie hingerichtet hatten, war ein Mann aus San Ildefonso, der um das Jahr 1913 der ethnologischen Forscherin Matilda Coxe Stevenson Informationen über die Schlangen-Verehrung bei den Tewa geliefert und insbesondere auch das Thema Menschenopfer erwähnt hatte. Mrs. Stevenson veröffentlichte diese Information in einer neumexikanischen Zeitung, und prompt wurde ihr Gewährsmann getötet.

Im Frühjahr 1926, als die beiden letzten vorgesehenen Bände des Werkes noch offen waren und Curtis eben im Begriff stand, nach Oklahoma an die Außenarbeiten zu gehen, traf ihn ein harter Schlag: Myers, seit dem Jahre 1906 sein getreuer erster Mitarbeiter, wollte nicht mehr länger mitmachen. «Mir wurde ein Posten angeboten, auf dem ich in den nächsten zwei oder drei Jahren viel Geld verdienen kann. Es handelt sich um Grundstücksgeschäfte», erklärte Myers brieflich. «Es ist eine der seltenen Gelegenheiten, und ich bin zu alt, als daß ich sie ausschlagen könnte in der Hoffnung, es werde sich schon eine neue bieten, wenn das Werk über die Indianer fertig ist. (...) Der Wunsch, die begonnene Aufgabe zu Ende zu führen, hat mich all diese Jahre bei der Stange gehalten, obwohl mein Gehalt für heutige Begriffe recht bescheiden war; nur eine außergewöhnliche Chance hat mich bewegen können, diese Arbeit aufzugeben (...).» Curtis unterrichtete Hodge von diesem neuen Problem und fügte hinzu: «Dabei fällt mir ein Vorschlag ein, den Myers Ihnen einmal gemacht hat: Vielleicht könnten Sie es einrichten, einen Monat oder sechs Wochen Urlaub zu machen und mit mir im Oklahoma-Gebiet zusammenzutreffen. (...) Vom Gesichtspunkt des

Aiyowits!a – Cochiti. Carolina Quintana, die intellektuell aufgeschlossenste Indianerin von allen, die uns in zwanzigjähriger Forschungsarbeit im Zusammenhang mit diesem Buch begegnet sind, stellt ein überzeugendes Beispiel dar, wie weit Pueblo-Frauen es mit ein bißchen Schulung und Unterrichtung in moderner Haushaltung bringen können.
Tsi'yone («Fliegend») – Sia. Eine der beiden besten Töpferinnen bei den Sia, einem Volk, das für seine ausgezeichneten Töpferarbeiten bekannt ist. Ein Gefäß von der Größe des abgebildeten bringt ihr die bescheidene Summe von zehn Dollar ein.

Tonwaren beim Trocknen. Alle Kochgefäße, Eßschalen und Wasserkrüge sind aus Ton.

‹North American Indian› aus gesehen, wäre dies die glücklichste Lösung (...).» Hodge war ebenso alarmiert wie Curtis, reagierte aber einigermaßen gelassen: «Was Sie mir von Myers berichten, ist wirklich eine große Enttäuschung. Die Gründe, die er für seinen Entschluß anführt, daß ihm nämlich – wenn auch in Kalifornien – die Chance seines Lebens geboten werde, müssen wir als den einzigen Trost akzeptieren. Doch bin ich recht traurig darüber, daß man die gute Stellung nicht offen halten kann, bis er die ausgezeichnete Arbeit an den von ihm betreuten Bänden beendet haben wird. Dennoch brauchen wir jetzt nicht nur dunkle Wolken zu sehen, denn erstens sagen Sie selbst, daß unsere Arbeit nicht mehr ganz so eilig ist – und da bin ich ganz Ihrer Meinung. Und dann besteht doch sicher die Möglichkeit, daß Myers sich von seiner neuen Tätigkeit lang genug beurlauben läßt, um nach Oklahoma zu kommen und die Arbeit, die er dort mit Ihnen vorhatte, weitgehend zum Abschluß zu bringen. Ich wünschte, ich könnte selbst zu Ihnen stoßen, aber das kommt überhaupt nicht in Frage, denn ich bin dermaßen mit Arbeit eingedeckt, daß ich gar nicht weiß, wo ich anfangen soll. (...) Halten Sie mich bitte auf dem laufenden. Ich bin wirklich sehr bestürzt, daß Myers gerade jetzt weggeht, aber niemand kann ihm einen Vorwurf machen, wenn er seine Hand nach dieser goldenen Gelegenheit ausstreckt.»

Nach etwa einem Monat fand Hodge einen Ersatz für Myers und telegraphierte am 19. Mai 1926 Curtis diese Neuigkeit: «Mr. S.C. Eastwood aus Brandon in Vermont ist bereit, die Stelle eines Mitarbeiters bei der Außenarbeit zu übernehmen. Er wurde im Jahre 1924 an der Universität von Pennsylvanien graduiert und wird uns von Professor Speck und dessen Assistenten wegen seiner überdurchschnittlichen Fähigkeiten empfohlen. Er hat eine Anthropologie-Vorlesung gehört und

Töpferei-Brennöfen in Santa Clara. Tonzeug kann mit Erfolg nur brennen, wer viel Erfahrung darin hat. Die Gefäße und die sie umgebende Brennstoff-Füllung aus trockenem Dung wird so angeordnet und das Feuer muß so kontrolliert sein, daß die Verbrennung richtig in Gang bleibt, daß sich aber nicht zu schnell eine hohe Temperatur entwickelt. Gesprungene und schwarzverbrannte Ware ist die Strafe für Unerfahrenheit und Unaufmerksamkeit.

Chipewyan-Tipi in Espenbäumen. Die Chipewyan bestehen aus mehreren Athapasken-Gruppen und bewohnen das Gebiet zwischen der Hudson Bay und den Rocky Mountains etwa vom 57. Breitengrad bis zum Polarkreis. Ein großer Teil dieser Gegend ist unfruchtbar und öde, aber die Flüsse, die die zahllosen Seen speisen und durchfließen, sind von dichten Beständen der Zitterpappeln mit ihren schlanken weißen Stämmen umsäumt, deren liebliche Lichtungen bei den Fischern und Beerensuchern als Lagerplätze beliebt sind. Ihre Behausungen machten die Chipewyan früher aus dem Fell von Karibus – auf diese Tiere sind sie für Nahrung, Kleidung und Wohnung in allererster Linie angewiesen –, und diese Tipis bilden einen der wenigen Punkte, in denen die Chipewyan-Kultur der Kultur der Prärie-Indianer ähnlich ist.

ist mit Ihrem ‹North American Indian› vertraut (...).» Stewart Eastwood sprang in die durch Myers Weggang verursachte Bresche, und Curtis konnte seine Arbeit fortsetzen. Gegen Ende des Sommers, als er nach den Außenarbeiten dieser Saison in Oklahoma wieder zu Hause war, schrieb er Hodge von Los Angeles aus: «Ich denke, wir haben Material für einen guten Band. Eastwood ist hier bei mir und will einstweilen in der Nähe bleiben, bis wir den Text in die richtige Form gebracht haben. Da Eastwood noch unerfahren ist, wird mir der Löwenanteil zufallen, wenn es darum geht, die an Ort und Stelle gemachten Notizen ins reine zu schreiben. (...) Während ich daran arbeite (...), kann Eastwood seine Vokabularien tippen (...).» Sie würden beim Fertigstellen des Textes keine Zeit verlieren, fuhr Curtis fort und schlug vor, Hodge solle, damit man Zeit und Geld spare, das Korrekturlesen allein übernehmen. «Was die Arbeit im nächsten Jahr anbelangt, so hänge ich immer noch der Vorstellung nach, Myers habe wirklich die Hoffnung, dann zu uns zu stoßen. Ob er tatsächlich kommt oder nicht, spielt demgegenüber für mich gar keine große Rolle. Ich bin vollkommen zufrieden, wenn ich für die Arbeit in der nächsten Saison Eastwood als Gehilfen habe.

Blackfoot-Indiander beim Kochen. Die Prärien des südlichen Alberta wurden von drei verbündeten Algonkin-Stämmen beherrscht, den Blackfoot, den Blood und den Piegan. Sie bildeten eine Gruppe, die üblicherweise als Blackfoot-Konföderation bezeichnet wird.

Abbildung auf Seite 103:
Blackfoot-Frau. In der Presse war der Name Blackfoot oder Piegan für gewöhnlich gleichbedeutend mit Massacker, Greueltaten und Treulosigkeit, obwohl das keineswegs durch die Tatsachen gerechtfertigt war. Wenn die Blackkfoot sich irgendwelcher Verbrechen schuldig machten, so war das eine unmittelbare Folge des Alkohols, für dessen Einführung allein die ‹Zivilisation› verantwortlich war. Die Mordtaten, die sie begingen, waren nichts anderes als der Preis, den wir für das von uns angemaßte Vorrecht zahlen mußten, sie physisch und moralisch zu verderben.

(...) Er hat ein gutes Ohr für phonetische Dinge und zeigt bei der Arbeit an den Wörterverzeichnissen besondere Fähigkeit (...).» Im Monat darauf, nämlich am 17. November, berichtet Curtis gut gelaunt: «Wir kommen mit dem Text gut voran und arbeiten wie ein Biber-Paar, das nur noch einen Baum zu fällen hat. Eastwood wird bei der Arbeit immer besser. Wir haben uns vorgenommen, bis zum 1. Februar fertig zu sein, werden das aber vielleicht nicht ganz schaffen. Ich denke jetzt darüber nach, womit wir Band 20 füllen sollen. Mein Vorschlag ist, diesen Band den Eskimo und ein oder zwei Stämmen von Nordwest-Alaska zu widmen, einschließlich der Eingeborenen von Yakutat (...).»

Da machte Eastwood in dem Manuskriptexemplar, das an Hodge ging, einen Fehler, und Hodge sandte es zusammen mit einem geharnischten Schreiben zurück, das er direkt an Eastwood adressierte. Darüber geriet nun wiederum Curtis selbst in helle Wut. «Sie sind ein guter Redakteur, aber als Diplomat bestimmt eine Niete», beschied er Hodge in einem Schreiben vom 11. Mai 1927. «Es mag manchmal nötig sein, den Knüppel zu schwingen, aber auch dann tut man gut daran, (...) den

Knüppel zu polstern. Es hat mich viel Mühe gekostet und ich habe lange auf den Jungen einreden müssen, um ihn bei der Stange zu halten. Wenn er jetzt im letzten Moment aussteigt, würde das Schiff sinken. Das Büro erwartet von uns, daß wir Band 20 in diesem Jahr fertigstellen, und in dieser Phase der Arbeit einen neuen Mann zu bekommen, ist völlig ausgeschlossen. Das Manuskript ist hier eingetroffen, wir haben aber bis zu unserer Abreise zur Außenarbeit so wenig Zeit, daß wir es auf die Seite legen müssen. Wir können es erst nach unserer Rückkehr in Angriff nehmen. (...) Das nächste Mal, wenn Sie wieder das Bedürfnis empfinden, den großen Stock zu schwingen, schreiben Sie lieber an meine Adresse! Ich kann es ertragen, Eastwood dagegen nicht. (...) Ich breche von hier am 25. des Monats auf. Der Dampfer ‹Victoria› legt von Seattle am 2. Juni ab. Wir fahren direkt nach Nome und nehmen dort ein Schiff nach Kotzebue. Unsere Anschrift für die erste Hälfte des Sommers wird Nome sein.»

Hodge antwortete etwas kühl etwa eine Woche später: «Bin im Besitze Ihres Briefes vom 11. Mai. Fassen Sie, und zwar Sie alle beide, kritische Bemerkungen von mir bitte nicht anders auf, als sie gemeint sind. Es ist zu spät, sich Vorwürfe zu machen, wenn das Buch erschienen ist. Deshalb soll jeder, der irgendetwas zu bemängeln hat, es gleich sagen, solange noch Zeit dazu ist. (...) Es hat keinen Zweck, bei einem Werk wie diesem überempfindlich zu sein. Das Manuskript ist entweder richtig oder falsch, und wo etwas falsch ist, muß es berichtigt werden. Ich habe genügend Vertrauen zu Eastwood, um zu wissen, daß er sehr gute Arbeit leisten kann. (...) Ich hoffe, Sie

Beth Curtis, ihren Vater nach Alaska begleitend.

Blick auf King Island vom Meer her. Die Bewohner von King Island leben in Wohnungen, die auf Pfosten am Abhang der Klippe errichtet sind, was dem Ort ein ungewöhnliches und höchst malerisches Aussehen gibt. Im Vordergrund des Bildes liegt die ‹Jewel Guard›, der 12 m lange Schoner, mit welchem Curtis und seine Leute sechs Wochen die stürmischen Gewässer von Alaska befuhren.

beide werden eine erfolgreiche und vergnügliche Reise haben», schloß er kurz und bündig. «Hochachtungsvoll, Hodge».

Erfolgreich war sie. Und für Curtis mit seiner Liebe zum Abenteuer muß sie auch in besonders hohem Grade vergnüglich gewesen sein. Sechs Wochen lang verbrachte er auf der 12 Meter langen ‹Jewel Guard›, einem Schiff, das nach seiner Beschreibung «ideal war, um in Sümpfen Bisamratten zu fangen, aber bestimmt nicht dazu gebaut, den Stürmen des Eismeeres zu trotzen». Mit diesem Gefährt durchstreifte er die Gewässer südlich von Nome, um die Eingeborenen der Küste von Alaska und auf Nunivak Island aufzusuchen. Auf diesen Fahrten mußten Curtis und seine Mannschaft anscheinend pausenlos mit Wind und Wetter kämpfen. Seine Tochter Beth, die das Schiffstagebuch führte, schrieb von turmhohen, sturmgepeitschten Wogen, die über das Deck des Schiffes hereinbrachen, von Packeis und Eisbergen, von Nebel, Sturm, Regen und Kälte, von fallenden Barometern und von der eiligen Flucht in schützende Buchten. «Die Wellen sind zehnmal so groß wie unser Schiff, und wir nehmen viel Wasser über», schrieb Beth einmal. «Wir ankern an einer etwas geschützten Stelle, aber der Sturm hält an, und es gießt in Strömen.» Die Nacht vom 5. Juni 1927 schildert sie wie folgt: «Wir gehen nicht zu Bett und das Rettungsboot ist für den äußersten Notfall schon beladen. Das Packeis drückt schwer. Papa sagt, wenn wir vom Packeis eingeschlossen und von ihm nach Norden getragen würden, gebe es keine Hoffnung mehr; wenn unser Schiff erst einmal im schweren Eis eingeklemmt säße, würde es zermalmt. Das Barometer fällt. (...) Die Wellen brechen über unser Deck, und alles steht unter Wasser. (...) Wir nehmen nun Kurs heimwärts und rennen – um mit Papa zu reden – wie ein aufgescheuchter Feldhase.» In dichtem Nebel liefen sie auf Grund, und der Motor fiel aus. Durch den plötzlichen Stop rollten die Wellen mit ungeheurer Gewalt von achtern über Deck, und es hätte nicht viel gefehlt, so wären alle über Bord gegangen. «Als dann die Ebbe eintrat, saßen wir völlig fest, geparkt auf dem Grunde der Beringsee (...), zwanzig Meilen von der Küste entfernt.»

Aber all das war nur ein mildes Vorspiel zu dem, was Curtis in der Beringstraße und im Eismeer weiter nördlich noch erwartete. Als Beth in Nome von ihrem Vater Abschied nahm, um nach Hause zurückzukehren, konnte sie nur mit Mühe ihre Haltung bewahren: «Ich fürchtete, ich würde ihn nie mehr wiedersehen», schrieb sie . In der Zeit, die nun folgte, gab es viele Gelegenheiten, bei denen Curtis ähnlich hätte fühlen können wie Beth. Zunächst führte er, vielleicht durch Beths Beispiel beeinflußt, ein Logbuch. «Wie ich es fertig gebracht habe, bei all der Mühsal auch noch ein Logbuch zu führen, kann ich nachträglich nicht mehr verstehen», schrieb er an Miss Leitch im Jahre 1948, der er schilderte, wie er auf dieses Logbuch gestoßen war, als er einen großen Karton voller alter Schriften durchstöberte. «Offen gestanden», fuhr er fort, «als ich das las, lief es mir kalt den Rücken herunter, und ich kam aus dem Staunen darüber nicht heraus, daß ich jemals in meinem Leben genügend Stärke und Ausdauer besessen habe, die Strapazen eines solchen Sommers durchzustehen.»

In einer seiner ersten Eintragungen vermerkt Curtis, daß seine alte, beim Walfang erlittene Verletzung ihm wieder zu schaffen mache. «Meine Hüfte macht mir Kummer», schreibt er. «Wenn es nicht zu stürmisch ist, kann ich das Steuerruder im Sitzen bedienen und mich auch zum Kochen hinsetzen. Von meinem Stuhl aus kann ich sowohl den Herd als auch den Geschirr- und Speiseschrank wie schließlich auch den Tisch erreichen. So bereite ich oft das Essen, serviere es und spüle das Geschirr, ohne zwischendurch aufstehen zu müssen. Dadurch schone ich mich, so weit es geht, und danke Gott, daß dieses nun der letzte Band des großen Werkes ist.» Als sie auf dieser Reise dem ersten Schiff begegneten, notierte Curtis: «Dies ist ein schlagender Beweis dafür, wie wenig Schiffsverkehr in der Beringsee anzutreffen ist. Wie lange muß da wohl einer warten, der über Bord gefallen ist und nach Hilfe Ausschau hält!»

Am 7. August 1927 befand sich Curtis auf dem Wege nach King Island. Diese Insel, in der Mitte der Beringstraße nordöstlich von Nome gelegen, ragt als ein vom Sturm gepeitschter Felsen steil aus dem Meer empor. Sie liegt genau auf jener Route, die die Walroßherden nehmen, wenn sie auf ihrer alljährlichen Wanderung vom und zum Eismeer ziehen. Curtis wollte unter anderem Aufnahmen von den Hütten machen, die am Rande der Klippen recht exponiert wie auf Stelzen balancierten und in denen die Eingeborenen lebten, wenn sie im Frühjahr und Herbst zur Walroßjagd herüberkamen, während sie die übrige Zeit des Jahres in Nome verbrachten. Mit von der Partie waren diesmal Stewart Eastwood und der Schiffskapitän Harry ‹the Fish›, der sich von den zünftigen Seeleuten dadurch recht auffällig unterschied, daß er hartnäckig erklärte, Frauen, Alkohol und Tabak zu hassen.

Nach King Island kam als nächstes Little Diomede, das von Sibirien nicht mehr weit entfernt ist. Diese Insel, die zusammen mit der zwei Meilen entfernten, schon in russischen Hoheitsgewässern liegenden Big Diomede bei den Seeleuten in der Beringsee und im Eismeer als «das Sturmzentrum des Universums» berüchtigt ist, lag, als Curtis und seine Mannschaft dort vor Anker gingen, in trügerischer Windstille. «Eastwood und Arthur, der Dolmetscher, den wir auf dem Wege nach Cape Prince of Wales aufgelesen hatten, machten sich auf, um einen alten weisen Mann ausfindig zu machen, der uns Informationen geben könnte», berichtet Curtis. «Ich hingegen begann, zusammen mit dem Schullehrer als ortskundigem Führer, Aufnahmen von den Hütten und den Trockengestellen für Tierhäute sowie Porträts von allen Eingeborenen zu machen, die der Lehrer zusammentrommeln konnte. Ein Silber-Dollar war Attraktion genug für Jung und Alt. Da es ein klarer Tag war, schien mir die Big Diomede-Insel eine Aufnahme zu lohnen. Darum tauschte ich mein normales Objektiv schnell gegen ein Teleobjektiv aus, und so photographierte ich, während mein Stativ auf amerikanischem Boden stand, einen Teil von Sibirien.» Am Tag darauf besann sich die Insel auf ihr wahres Selbst. Aus dichtem Nebel brach so plötzlich ein Sturm heraus, daß keine Zeit mehr war, einen sichereren Platz aufzusuchen. «Der Anker schleppte ein paar Sekunden, dann hatte er sich an einem Felsenriff festgehakt,» heißt es in Curtis' Tagebuch. «Die Kette stöhnte wie ein altes Tau. (...) Der Sturm hätte nach unseren Kenntnissen aus Nordwesten kommen müssen, aber dieser Sturm kam aus allen Himmelsrichtungen zugleich.» Es gelang den Männern, den Motor zu starten und – teils aus eigener Kraft, teils vom Sturm getrieben – eine kleine Bucht zu erreichen, wo sie den Anker bzw. das, was von ihm noch übrig war, auswarfen. Vier Tage und vier Nächte schaukelten sie an ihrer Ankerkette auf und ab. Das Ufer war nur 100 Meter entfernt, aber im Nebel nicht zu sehen. Es war unmöglich, an Land zu kommen, und abgesehen davon war im Kampf gegen den Sturm auch jeder Mann nötig. Das Schiff rollte so stark, daß sie kaum aufrecht stehen konnten.

Von Stunde zu Stunde wurde der Sturm heftiger. «Wenn unser Schiff an der Ankerkette gegen das Land hintreibt, kommt es bis auf 30 Meter an den Felsen heran», schrieb Curtis. «Unser Leben hängt an dieser Ankerkette. Wenn sie reißt, haben wir binnen sechzig Sekunden ein Wrack. Die See geht so hoch wie unsere Mastspitze.» Durch das Heulen des Windes und den Donner der Brandung war ein Rufen vom Ufer her zu hören. Die Eingeborenen gaben ihnen, als der Nebel kurz aufriß, durch Zeichen zu verstehen, sie sollten den Ankerplatz noch einmal wechseln, dieses Mal, um in den Windschatten an der Südspitze der Insel zu kommen. Irgendwie gelang ihnen das, obwohl das Schiff «rollte, daß man kaum stehen konnte und der Wind so heftig war, daß man ihm den Rücken zukehren mußte, um atmen zu können.» An dem neuen Ankerplatz prallten die Wogen aus zwei verschiedenen Richtungen direkt vor der Küste aufeinander und türmten sich zu haushohen Bergen auf. «Es ist, als ob man am Rande einer Schlacht sitzt und ihr zuschaut», hielt Curtis seinen Eindruck fest. Aber der Sturm wurde noch schlimmer. «Beth müßte hier sein, um unsere Stimmung aufzubessern. Aber ich bin heilfroh, daß sie nicht bei uns ist», trug Curtis am 13. August um vier Uhr in sein Logbuch ein. Dann, in den ersten Morgenstunden des vierten Tages: «Noch immer der gleiche Sturm und eine lange Nacht. Wir können nicht schlafen, obwohl wir völlig erschöpft sind. Einmal muß das ja ein Ende haben. (...) Meine Kamera ist leider drüben auf der Insel; sonst würden wir wahrscheinlich versuchen, heute morgen zum Festland zurückzufahren, aber ohne meine Kamera gehe ich nicht fort.» Die fünfte Nacht war die schlimmste. «Kochen ist ein großes Problem», schrieb Curtis. «Beim Essen sitzen die Jungs auf dem Boden und halten eine tiefe Schüssel zwischen den Knien. Das Land ist nur 100 Meter weit weg, aber kein Mensch könnte es erreichen; denn das Ufer besteht hier nur aus einer 230 Meter hohen Felswand.» Dann ließ der Sturm nach, und sie kehrten wieder zu ihrem alten Ankerplatz vor der Siedlung zurück. «Die Eingeborenen waren überrascht», schrieb Curtis, «Denn sie hatten nicht geglaubt, daß unser Schiff dem Sturm würde standhalten können; als sie es wiedersahen, hielten sie es zunächst für einen Spuk und nannten es nun das ‹Geisterschiff›.»

Um die durch das schlechte Wetter verlorene Zeit einzuholen, arbeitete Curtis vom Morgen bis Mitternacht an Land und machte nur Pause, um zum Essen auf das Schiff zu gehen. In der Nacht brachen sie dann von den Diomedes-Inseln zum Festland von Alaska auf. «Ich möchte nicht Gefahr laufen, noch so einen Sturm zu erleben», heißt es im Logbuch. «Habe schon eine Menge gutes Material zusammengebracht. Schwere See auf der Überfahrt nach Wales. Setzten Arthur an Land und liefen sofort wieder aus. Kurs auf Kotzebue. Wind weht ununterbrochen vom Polargebiet. Wir sind jetzt aus der Beringstraße heraus und haben es mit dem Eismeer zu tun. Seit

Während viele der Eskimo, die der Verfasser jetzt besucht und beobachtet hat, ihre ursprüngliche Kühnheit zum großen Teil noch bewahrt haben, scheinen sie doch viel von jener Zähigkeit und Härte eingebüßt zu haben, die er bemerken konnte, als er vor dreißig Jahren die Küsten-Eskimo zum ersten Male erforschte. Wie bei so vielen Primitiven haben die Berührung mit Weißen und die Übernahme von deren Krankheiten in dieser Zeit tragische Veränderungen gezeitigt. Eine auffällige Ausnahme machen die Eingeborenen von der Nunivak-Insel, die von weißen Einflüssen fast völlig unberührt geblieben sind, was ihre Rettung war; trotzdem ist amtlich verlautbart, daß in dem einen Jahr, das seit dem Besuch des Verfassers vergangen ist, die Bevölkerung der Insel um fast dreißig Prozent zurückgegangen ist. Wie viele Indianer und Eskimo der Verfasser auch kennengelernt hat – niemals sah er ein glücklicheres, durch und durch ehrlicheres und selbstbewußteres Volk als dieses.

Elfenbein-Bohren – King Island. Von den Insel- und Küsten-Eskimo wird Elfenbein sehr geschickt zu zahlreichen Gerätschaften, wie Ahlen, Pfrieme, Nadeln, Nadelkästchen sowie Speer- und Harpunenspitzen, verarbeitet. Besonders gut verstehen die Eskimo sich auf Elfenbeinätzungen.

Mittwoch liegt unser Kurs ziemlich genau auf dem nördlichen Polarkreis. Ich bin derartig erschöpft, daß mir die Worte fehlen, um zu sagen, wie erschöpft ich bin.» Auf der Höhe von Kotzebue – einem Dorf auf einer Landzunge, die vom Festland Alaskas in die Meerenge von Kotzebue vorspringt – nahmen sie einen Lotsen an Bord, der, wie Curtis schrieb, «hartnäckig behauptet, vom Lenken eines Hundeschlittens mehr zu verstehen als vom Führen eines Schiffes. Ich glaube ihm das auch. Wir haben den ganzen Tag lang gegen schlammige Untiefen gekämpft und sind in alle Himmelsrichtungen gefahren, um nach Wasserwegen zu suchen, die tief genug waren, unser Schiff flott zu halten. Wir erreichten das Dorf um sechs Uhr am Spätnachmittag. Sam Magida ist hier. Er ist ein Prinz, und ich weiß, daß er uns eine große Hilfe bei unserer Arbeit sein wird. Wir sind seinem Laden gegenüber, etwa 30 Meter vom Ufer entfernt, vor Anker gegangen. Ich hoffe, endlich einmal eine ganze Nacht durchschlafen zu können. In den letzten sechzig Stunden habe ich nur viereinhalb Stunden Schlaf gehabt. Morgen abend möchte ich mit den Eingeborenen auf

Jungen in einem Kajak – Nunivak. Eskimo-Jungen üben sich von frühester Jugend an in männlichen Tätigkeiten und werden, wenn sie ihre erste Jagdbeute heimbringen, durch Veranstaltung eines Festes geehrt.

Kajak-Rahmen – Nunivak. Neue Kajaks werden Ende des Winters oder im frühen Frühjahr gebaut. Ihre Konstruktion findet im Männerhaus unter bestimmten Zeremonien statt, gewöhnlich unter der Aufsicht eines alten Mannes, der im Bootsbau besonders geschickt ist. Die Männer messen und schneiden jeden einzelnen Teil des hölzernen Rahmens nach einem vorgeschriebenen Bauplan, dessen Maße auf der Länge verschiedener Körperglieder oder einer Kombination solcher Glieder beruhen. Auf diese Weise wird jeder Kajak nach den individuellen Körperabmessungen seines Besitzers gebaut und ‹paßt› ihm infolgedessen besonders gut.

Der Trommler – Nunivak. Dieses tamborinähnliche Instrument, dessen Trommelfell aus dem Magen oder der Blase eines Walrosses gemacht ist, wird hauptsächlich bei den Winter-Zeremonien benutzt. Solche Trommeln sind verschieden groß, ihr Durchmesser mißt zwischen 30cm und 1,5m; die abgebildete hatte einen Durchmesser von einem Meter. Beim Trommeln wird das Instrument in den verschiedensten Positionen gehalten, die von der Horizontalen bis zur Vertikalen gehen. Der Trommelschlegel besteht aus einem dünnen Stock.

Walfang ausfahren; es sind die gleichen weißen Wale, wie man sie in der Hooper Bay fängt.» Aber auch diesmal wurde aus dem Walfang nichts, und zwar wegen des schlechten Wetters. Deshalb arbeitete Curtis während der nächsten Tage an Land. Dann lichteten sie den Anker, und segelten den Noatak-Fluß hinauf, um Bilder von Noatak-Eingeborenen zu machen, die Kotzebue einen Tag vor Curtis' Ankunft verlassen hatten und in ihre weiter im Landesinneren gelegene Siedlung zurückgekehrt waren.

Nach einer Woche waren sie wieder zurück in Kotzebue und fuhren von dort den Selawik-Fluß hinauf, der in den Baird Mountains entspringt und südlich von Noatak in den Kotzebue-Sund mündet. Nachdem Wind und rauhe See ihnen so übel mitgespielt hatten, stießen sie nun auf ein neues Hindernis. «Ein Missionar hat die Parole ausgegeben, daß die Eingeborenen nicht mit uns sprechen dürfen», teilt Curtis mit. «Die Leute hier sind mit einer besonders gemeinen Brut von Missionaren gesegnet. Wer von den Eingeborenen diese Missionare nicht unterstützt, wird von ihnen ‹Teufelspack› gescholten. Selbst unter ihren eigenen Verwandten dürfen die Eingeborenen nur denen Unterstützung gewähren, die sich zum christlichen Glauben bekennen; und alles geschieht im Namen von Christus.» Seinem Logbuch vertraute Curtis an, daß er auf einer Insel südlich von Nome Menschen getroffen habe, die vielleicht «die allerprimitivsten auf dem ganzen amerikanischen Kontinent sind. (...) Ich zögere, das zu erwähnen, aus Angst, daß irgendein übereifriger Himmelslotse sich berufen fühlt, diese unverdorbenen Menschen zu bearbeiten. Sie sind so glücklich und zufrieden, daß es ein Verbrechen wäre, wenn Mißklänge in ihr Leben gebracht würden.»

Es wurde September, und das Wetter konnte jederzeit umschlagen, so daß kein vernünftiger Mensch es wagen durfte, das Eismeer zu befahren. Curtis jedoch streifte immer noch bei den Eingeborenen am Selawik-Fluß herum, ja, er drang sogar noch weiter ins Land hinein vor. «Ich fuhr drei Meilen stromaufwärts, um einen alten Informanten aufzuspüren, den die Missionare aus dem Dorfe vertrieben haben», trug er am 2. September in sein Logbuch ein. «Der alte Mann ist ein Krüppel und äußert hilfsbedürftig, aber seinen Verwandten ist es nicht erlaubt, ihm zu helfen.» Beiläufig fügte er hinzu: «Ein böser Schnee fällt den ganzen Tag. (...) Unser erster richtiger Schneesturm, und wir wissen nun, daß der Sommer vorüber ist. – Manch schönes Material habe ich von zwei Männern bekommen, die zu jenem ‹Teufelspack› gehören», schrieb er am nächsten Tage. Obwohl das Wetter sich weiter verschlechterte und sie für den ganzen Winter in der Arktis einzusperren drohte, besuchten sie noch einen weiteren Ort, ein Eingeborenen-Lager am unteren Ende des Selawik-Sees, und vergnügten sich dort bei einem Fest. «Die Eingeborenen brachten uns einen großen, vierzig Pfund schweren Shea-Fisch», schrieb Curtis. «Der allein war fast einen Ausflug in die Arktis wert.»

Schließlich, am 10. September, war es höchste Zeit zurückzukehren. «Die ganze Welt ist weiß von Schnee. Stürmischer und steifer Gegenwind.» Dann, als sei ihm erst jetzt dieser Gedanke gekommen, schreibt Curtis: «Wir müssen unser Schiff ohne Aufenthalt nach Nome zurückbringen. Die Fahrt von hier nach Nome in einem so kleinen Schiff ist um diese Jahreszeit ein recht riskantes Stückchen Seefahrt.» Am nächsten Tage brachen sie kurz nach Mitternacht auf, und die Elemente gaben ihnen gleich einen reichlichen Vorgeschmack dessen, was noch vor ihnen lag. «Es wird rauh, schwere See, Barometer fällt. Der Sturm hat uns gepackt. Schneidende Kälte, dichtes Schneetreiben. In der Prärie würde man das Blitzzard nennen. Das Schiff stampft schlimm. Es ist eine bittere Nacht. Sicht zehn Prozent schlechter als durch Bohnensuppe.» Vierundzwanzig Stunden später hatte der Sturm sie wieder dahin zurückgetrieben, von wo sie gestartet waren – und da standen sie plötzlich vor einem neuen, unheilvollen Problem. «Ich wachte auf, weil irgendetwas mit dem Bilgewasser des Schiffes nicht in Ordnung war. Als ich aus meiner Koje sprang, stand ich mit den Füßen im Wasser. Ich lief schnell nach achtern. Im Maschinenraum stand das Wasser knietief. Ich weckte Harry und Eastwood auf; während sie aus den Federn krochen, ließ ich die Pumpe an (...).» Es zeigte sich, daß sie mit dem hereinströmenden Leckwasser gerade eben fertig werden konnten, wenn sie die Pumpe ständig laufen ließen. Da der eigentliche Winter nicht mehr fern war, entschlossen sie sich, die Fahrt nach Nome zu wagen, ohne durch Reparaturarbeiten Zeit zu verlieren. «Ich rief die Jungens und wir lichteten den Schlamm-Anker», schrieb Curtis.

Aber weder das Leck im Schiff noch die anhaltenden Stürme konnten Curtis davon abbringen, einen Abstecher nach Wales – an der westlichen Spitze der Seward-Halbinsel und auf halbem Wege nach Nome gelegen – zu unternehmen. «Wir müssen dort noch ein paar Tage arbeiten; hoffentlich hält der Nordostwind an», schrieb Curtis. Leider tat ihnen das Wetter diesen Gefallen nicht. Zwar konnten sie vor Cap Wales noch vor Anker gehen, aber es war ihnen nicht mehr möglich, mit einem Boot an Land zu gelangen, ja, es blies ein so kalter und heftiger Sturm, daß sie in den sicheren Schutz des siebzig Meilen entfernten Hafens von Port Clarence flüchten mußten. Aber auch dadurch ließ Curtis sich nicht abschrecken. Ein knappe Woche, nachdem sie zum ersten Male bei Wales vor Anker gegangen waren, begab er sich dort mit seiner Kamera an Land. Als auch diese Arbeit erledigt war, steuerten sie schließlich, im Wettlauf mit dem Wetter, nach Süden in Richtung Nome. «Alle Segel gesetzt, aber das Barometer steht niedriger als je zuvor auf dieser Reise», schrieb Curtis ins Logbuch. «Wind wird immer steifer. See geht erschreckend hoch. Wir haben Kurs mit

Zeremonien-Maske – Nunivak. Das Tragen hölzerner Masken bei den verschiedenen Festen und Zeremonien bildet einen Teil des Rituals. Über ihre Bedeutung etwas in Erfahrung zu bringen, ist jedoch besonders schwer, vor allem, weil die Bräuche der Leute sich so verändert haben, daß eine vollständige und zuverlässige Auskunft über die Masken kaum mehr zu erreichen ist.

den Wellen. Wie ein Vogel vor dem Sturmwind fliegen wir auf den Wellen und berühren nur die höchsten Kämme. Bei dieser Geschwindigkeit kommt man sich auf unserer Nußschale vor wie eine Ente, die der Wind von einem Wellenkamm auf den nächsten fegt.» Eastwood stand neben Curtis am Ruder, beide bis zu den Hüften im Wasser, wenn die Brecher über das Deck rollten. Da sagte Eastwood: «Chef, der Sturm wird schlimmer. Solange ich noch Gelegenheit dazu habe, möchte ich Ihnen sagen, daß dieser Sommer mit Ihnen das Erlebnis meines Lebens gewesen ist. Ob in guten oder schlechten Zeiten: ich habe jede Stunde genossen.» Sie drückten sich die Hand. «Binnen einer knappen Stunde hatten wir das Kap umfahren und tuckerten in den Hafen», schrieb Curtis. «Man hatte uns an Land gesichtet und alle Einwohner kamen an den Landesteg, um uns zu begrüßen.» Das letzte Telegramm aus dem Norden hatte besagt, sie seien gesehen worden, als sie nach den Diomedes-Inseln starteten, und danach seien sie wahrscheinlich dem ersten großen Blizzard des Winters zum Opfer gefallen. «Hätte nicht so viel auf dem Spiel gestanden, wäre es eine grandiose sportliche Segelei gewesen», schrieb Curtis. Er hörte, daß der Sturm, in den sie geraten waren, als sie von Wales in den sicheren Hafen von Port Clarence einliefen, die ganze Schiffahrt in dem Gebiet von Nome schwer getroffen und zwei Todesopfer gefordert hatte. Aus dieser Erfahrung heraus

Noatak-Kind. Kaum daß ein kleiner Junge richtig gehen kann, lernt er paddeln und seinen kleinen, aber voll seetüchtigen Kajak manövrieren.

schrieb er: «Ich glaube, wir haben uns ganz wacker geschlagen. (...) Grant Jackson, mein Bankier-Freund sagte, wir seien einmalig insofern, als alle anderen wissenschaftlichen Expeditionen sich bisher bei ihm immer hätten Geld leihen wollen, um so schnell wie möglich aus dem Land herauszukommen.»

Sobald er wieder ins angenehmere Klima Süd-Kaliforniens zurückgekehrt war, machte Curtis sich an die noch unerledigte Durchsicht des Manuskriptes für Band 19, das Hodge mit seinen mißbilligenden Äußerungen über Eastwoods Arbeit kurz vor Curtis' Abreise in den hohen Norden zurückgeschickt hatte. Punkt für Punkt ging er auf Hodges Kritik ein: «‹Wichita-Theologie›: Sie haben anscheinend Bedenken, den Begriff ‹Theologie› anders als im Zusammenhang mit der christlichen Religion zu gebrauchen. Ich habe im Webster [Dictionary] allerdings nichts gefunden, was darauf hindeutet, daß das Christentum einen Anspruch auf exklusive Benutzung dieses Begriffs hätte. Dennoch, um des lieben Friedens willen, schließen wir einen Kompromiß und sagen ‹Religiöse Glaubenssätze›. – ‹Sermon›: hat für mich keinen unseriösen Beigeschmack, aber, wenn Sie es anders sehen, lassen Sie uns an Stelle von ‹Sermon› das Wort ‹Lehre› setzen, auf die Gefahr hin, daß wir dadurch dieses Wort etwas strapazieren. – Nun zum nächsten Punkt: Sie sagen zum Beispiel, ‹Stämme, die nicht vom Christentum beeinflußt worden sind›. Aber solche Lebewesen gibt es nicht. Solange ich lebe, habe ich noch keine Gruppe von Indianern gesehen, die nicht vom Christentum beeinflußt gewesen wären.› – ‹Peyote-Kult›: Zu dem Absatz, der anfängt ‹Indianische Religion, das heißt instinktive Verehrung der göttlichen Wesen›, machen Sie die Anmerkung, ‹Es ist zu spät, eine solche Erklärung gedruckt abzugeben›. Sie sagen aber nicht, welchen Teil der Erklärung Sie beanstanden. Der Absatz enthält im ganzen zwei Feststellungen, zunächst diese: ‹Die instinktive Verehrung des Ewigen braucht nicht notwendig ein moralisches Dogma zu beinhalten.› Nach meiner Meinung ist das korrekt. Wie über all solche Dinge kann man auch über diesen Punkt streiten – aber das betrifft ja überhaupt alle Fragen, die mit Religion zusammenhängen. Die zweite Feststellung lautet, ‹daß der oberste Grundsatz des Peyotismus ein moralisches Leben zum Inhalt hat›. An der Wahrheit dieser Feststellung kann es überhaupt keinen Zweifel geben, deshalb will ich den Absatz so belassen, wie er ist, und wenn Sie das Gefühl haben, er müsse geändert werden, dann lassen Sie sich von Ihrem Gewissen lenken. Ich glaube nicht, daß die Zukunft des Menschengeschlechtes ernsthaft durch diesen Absatz gefährdet ist, gleich, ob er so bleibt, oder ob Sie ihn ändern. Aber im Augenblick habe ich das letzte Wort und da möchte ich sagen, daß die in dem fraglichen Absatz enthaltenen Erklärungen korrekt sind. – Der Titel ‹Stomp-Dance›: Selbstverständlich ist ‹stomp› abgeleitet von ‹stamp›; aber dieser Tanz heißt überall ‹stomp›. Wir können ja in einer Fußnote den Lesern erklären, daß man im Süden der Vereinigten Staaten ‹stomp› statt ‹stamp› sagt. – Sie sagen, Sie fänden das Comanche-Material weniger gut. Ich gebe zu, daß es nichts besonders Interessantes bringt, aber aus nichts kann man nicht viel machen. Wir haben das Gebiet mit Hilfe eines Dolmetschers und Helfers bearbeitet, der der intelligenteste aller gebildeten Indianer dieser Zeit ist. Mit seiner Hilfe haben wir mit allen alten Leuten des Stammes gesprochen. Tag ein, Tag aus haben wir gekämpft, um etwas aufzuspüren, von dessen Vorhandensein wir fest überzeugt waren. Schließlich wandte sich Mr. Tebo, unser Dolmetscher, etwas gekränkt an mich und erklärte: ‹Sie versuchen etwas zu bekommen, was es gar nicht gibt.› Das einzige, was wir finden konnten, waren zahllose unbedeutende, bruchstückhafte obszöne Geschichten nach Lagerfeuer-Art; abgesehen von ihrem obszönen Charakter war nichts daran. Außer dieser Sorte von Geschichten (...) gaben die alten Leute bruchstückweise Berichte ihrer Jagd- oder Kriegserlebnisse zum besten – es war aber unmöglich, vernünftige Geschichten zu finden, die sich zur Veröffentlichung geeignet hätten. Aus all dem, was ich auf diese Weise persönlich erfuhr, gewann ich einige Informationen, die ich in meinen kurzen Bemerkungen über diesen Stamm, besonders über seinen Konflikt mit dem ‹Steinhaus-Volk›, ausgewertet habe. Meine Darstellung zu dem Konflikt der Comanche mit den Karieso und Pecos habe ich leicht überarbeitet.

In Ihrem Kommentar erklären Sie, Krankheiten seien die entscheidende Ursache für den Niedergang der Pecos gewesen, und Sie haben anscheinend Einwände gegen meine Feststellungen, daß man den Hauptgrund dafür in den Angriffen der Comanchen suchen müsse. Was nun diese Frage anbetrifft, so habe ich, als ich zuletzt in Neu Mexiko war, eine Menge Zeit mit alten Mexikanern verbracht, die von den Pecos abstammen und jetzt in der Nähe von Pecos leben. Und alles, was ich in Erfahrung bringen konnte, spricht dafür, daß der letzte Angriff der Comanchen der ausschlaggebende Faktor war. Meine Darstellung eben dieses Angriffs beruht auf persönlichen Nachforschungen in der Umgebung von Pecos und den Informationen, die ich von den Comanchen selbst erhielt. Wenn Sie in Ihrem Handbuch nachschlagen, werden Sie sehen, daß Sie dort selbst den letzten Comanchen-Angriff als den Hauptfaktor angeben. – Nun zu der ‹Monster›-Schlange: Viel von meinen Kenntnissen zu diesem Thema rührt von den Tagen her, in denen ich über die alten Mexikaner in der Gegend von Pecos arbeitete. Ich hatte eine Dolmetscherin zur Hilfe, und zwar eine höchst einflußreiche Mexikanerin, die es fertigbrachte, daß die alten Männer völlig ungehemmt

Walroß-Haut, zum Trocknen aufgespannt – Diomede. Die Hauptnahrung der Eskimo ist Fleisch, Speck und Fett von Walrossen, Robben und Walen. Was sie von diesen Artikeln einschließlich der Häute nicht selbst verbrauchen, dient dem Handel mit den Bewohnern des Festlands zu beiden Seiten der Beringstraße.

erzählten. Die Informationen kamen aus so vielen verschiedenen Quellen, daß ich von der Existenz des letzten großen Schlangenpaares tatsächlich überzeugt bin. Die alten Mexikaner bezeichneten sie übereinstimmend in allen ihren Geschichten als ‹Monster›. Myers war nicht dabei, als ich diese Arbeit machte, und er hatte Bedenken, auf das Thema einzugehen. Ich war damals dafür, den ‹Monster›-Schlangen einige Absätze zu widmen, ohne zu behaupten, daß das alles Tatsachen seien. Vielmehr wollte ich die Geschichte so bringen, wie sie uns erzählt wurden. Wenn Sie es für besser halten, lassen Sie die Schlangen im Comanche-Kapitel einfach weg. Eines Tages habe ich vielleicht Zeit, nach Neu Mexiko zurückzukehren und ein paar Monate den Schlangen in jener Gegend zu widmen (...).»

Nachdem nun das Manuskript für Band 19 abgeschlossen war, konnte Curtis sich dem für Band 20 bestimmten Material aus dem Norden zuwenden. «Wir haben eine schöne Reihe von Bildern», schrieb er Hodge zu Beginn des Jahres 1928. Und ein paar Tage später: «Wir haben eine enorme Menge Stoff, besonders in Form von Volkssagen. (...) Mit Rücksicht darauf, daß bisher so wenig über die Sagen der Eskimo veröffentlicht wurde, neigen wir dazu, so viel wie möglich aufzunehmen. Wenn unsere allgemeine Beschreibung fertig ist, werden wir besser abschätzen können, wieviel Raum für die Volkssagen zur Verfügung steht. (...) Sie gleichen einander in gewisser Weise (...), aber sie erlauben durchweg recht interessante Einblicke in die Denkart dieses Volkes.»

Als schließlich das Ende des weiten Weges in Sicht kam, der um die Jahrhundertwende begonnen hatte, verschlechterte sich Curtis' Gesundheitszustand bedrohlich. «Ich bin wieder in recht schlechter Form», schrieb er am 20. Februar 1929 an Hodge, als er ihm ankündigte, er sei im Begriff, die ersten Korrekturfahnen für Band 20 abzusenden. «Den Januar über machte meine Besserung so gute Fortschritte, daß ich vor Freude laut hätte jauchzen mögen, aber während der ganzen Nacht zum 1. Februar waren die Schmerzen schlimmer denn je zuvor. Vom Bett bis zum Schreibtisch kann ich mich gerade noch bewegen – mehr ist mir zur Zeit versagt. Ich habe einen neuen Doktor, der mir große Versprechungen macht; auch habe ich mir die Mandeln herausnehmen lassen (...).» Trotz aller dieser Mißhelligkeiten machte Curtis weiter. «In ein paar Tagen werde ich Ihnen einen Entwurf der Einführung für Band 20 schicken», schrieb er Hodge am 14. März

Zerlegen eines Beluga-Wals – Kotzebue. Frauen dürfen einen Beluga nicht anrühren, ehe ihr Ehemann es ihnen erlaubt hat. Zuerst wird der Kopf abgetrennt und ins Wasser gelassen, damit der Geist des Tieres ins Meer zurückkehren und wieder in den Körper eines anderen Belugas einziehen kann. Wenn man das richtig macht, wird der Beluga, so glaubt man, zurückkehren, um wieder getötet zu werden.

1929. «Da dies der letzte Band ist, habe ich ein paar persönliche Worte hinzugefügt. (...) Bitte, schicken Sie mir den Text zurück, nachdem Sie die Änderungen vorgenommen haben, die Sie für erforderlich halten. Die Hüfte ist wieder etwas besser, und ich habe neue Hoffnung geschöpft. Wahrscheinlich hat die Mandeloperation geholfen. Auch habe ich ein eng sitzendes Korsett bekommen, das zwar sehr unbequem, aber hilfreich ist. In meiner letzten verzweifelten Anstrengung, irgendetwas zu tun, um das beste aus meiner Situation zu machen, sage ich Ja und Amen zu allen Ratschlägen, die drei der besten Ärzte mir geben (...).»

Von ganz unerwarteter Seite gelangte über Hodge eine Beschwerde an Curtis, auf die er am 18. April 1929 antwortete: «Was die Bilder angeht, die wir den Indianern versprochen haben, so hat jeder, dem dies zugesagt war, sein Bild mittlerweile zugeschickt bekommen. Wir haben wirklich von jedem Porträt, das wir aufgenommen haben, Abzüge mit der Post versandt. Wenn ich dagegen Landschaftsaufnahmen gemacht habe, auf denen auch Indianer auftauchen, habe ich ihnen kein Bild versprochen, da sie ohnehin mehr als den üblichen Lohn dafür erhielten, und ich habe mir nicht die Mühe gemacht, solche Bilder auszusortieren. Ich habe allerdings die Erfahrung gemacht, daß die Bilder ihre Empfänger oft gar nicht erreichen. Sie verschwinden entweder auf der Post oder werden von anderen Indianern kassiert. Von unserer Arbeit im letzten Sommer haben wir so viele Bilder verschickt, daß man den ganzen Nordwesten damit tapezieren könnte. Ich habe noch eine Reihe von Negativen in Erinnerung, von denen wir je dreizehn Abzüge verschickt haben. (...) Noch weitere Kopien zu verschicken, kommt gar nicht in Frage, weil alle Negative in die Klischieranstalt und anschließend in das Magazin bei Morgan gehen. Wenn sie erst einmal nach dem Osten abgesandt sind, sehe ich sie nicht mehr wieder. Die Eingeborenen aus jenem Waldzipfel beklagen sich zu unrecht. Sie sind alle für ihr Modellsitzen reichlich bezahlt worden. Außerdem haben wir die versprochenen Bilder sehr wohl an sie abgeschickt (...).»

Im Jahre 1930 kam die Arbeit am ‹The North American Indian›, dem bemerkenswertesten Ein-Mann-Unternehmen in der Geschichte des Buchwesens, mit dem Erscheinen von Band 20 endgültig zum Abschluß. In der Einführung zu diesem letzten Band schrieb Curtis, an die Adresse all derer gerichtet, die ihm Jahre hindurch beigestanden hatten: «Dankesworte allein können einer so treuen Zusammenarbeit nicht gerecht werden, aber es bereitet dem Verfasser freudige Genugtuung, wenn er zum Schluß jetzt allen denen, deren Treue und Vertrauen keine Grenzen kannte, sagen kann: ‹Jetzt ist es geschafft.›»

Portfolio

«Ich bin zwar in erster Linie Photograph, doch sehe oder denke ich keineswegs ‹photographisch›; mein Werk wird das Leben der Indianer deshalb nicht in mikroskopischen Einzelheiten schildern, sondern ein großflächiges und strahlendes Bild entwerfen.»

Edward Sheriff Curtis
1905

1 *Ein Häuptling der Wüste – Navajo.* Das Bild zeigt nicht nur die ausgeprägte Individualität des Dargestellten, sondern läßt auch die charakteristischen Merkmale seines Stammes – Stolz, Tatkraft und Selbstvertrauen – deutlich werden.

2 *Cañon de Chelly – Navajo.* Dies ist eine wunderschöne und malerische Stelle im nordwestlichen Arizona, mitten im Gebiet der Navajo und in der Tat eine ihrer Hochburgen. Im Cañon de Chelly finden sich Beweise für eine dichte Besiedlung in lang zurückliegender Zeit; denn auf beiden Seiten des Tales sind noch in jeder Nische die an die Felsen sich anschmiegenden Ruinen früherer Dörfer zu sehen.

3 *Ein Sohn der Wüste – Navajo.* An einem frühen Morgen kam dieser Junge, als ob er aus dem Erdboden gewachsen wäre, in das Lager, das der Verfasser in der Wüste aufgeschlagen hatte. Er schien tatsächlich ein Teil dieser Wüste zu sein. Seine Augen verraten die ganze Neugier und das große Staunen seiner primitiven Mentalität, die begierig ist, den Sinn der befremdlichen Dinge um ihn herum zu begreifen.

4 *Apache-Medizinmann mit heiliger Gebetskarte.* Jeder Medizinmann besitzt eine Medizin-Tierhaut, auf welcher die mythologischen Symbole des Stammes aufgezeichnet sind. In seiner privaten kleinen ‹Kówa›, seiner Behausung, pflegt der Medizinmann vor der bemalten Tierhaut zu sitzen, die er vor sich ausgebreitet hat und auf der die Scharen von Göttern, die das Apache-Pantheon bevölkern, symbolisch dargestellt sind. Dabei summt er Lieder und betet Tag und Nacht in der Hoffnung, die Stimme der Himmelsboten zu vernehmen.

5 *Qŭniáika – Mohave.* Der abgebildete Mann gehört zu den Besten seines Stammes, aber er könnte ebensogut ein Mensch der Steinzeit sein.

6 *Qahátika-Mädchen.* Etwa 75 Kilometer südlich der Pima-Reservation in Arizona kann man einem Stamm von wirklichen Wüstenindianern begegnen, den Qahátika. Wer dieses Gebiet durchquert, wird sich wundern, wie menschliche Lebewesen überhaupt einem so öden Land ihren Lebensunterhalt abringen können. Nur bei allerniedrigsten Ansprüchen kann hier ein Mensch existieren.

7 *‹Pachílawa›, ein Walapai-Häuptling.* Soweit bekannt ist, haben die Walapai schon immer an den mit Pinien bewachsenen Bergen gewohnt, die sich im nordwestlichen Arizona über rund 200 Kilometer an der Südseite des Grand Cañon entlangziehen.

8 *‹Mosa› – Mohave.* Man kann sich schwerlich einen Menschen vorstellen, der durch und durch ursprünglicher und unverdorbener wäre als dieses Mohave-Mädchen. Ihre Augen gleichen denen eines Rehs im Walde und suchen die Einzelheiten einer fremden Zivilisation zu erforschen, die sie zum ersten Male schaut. Sie ist eine Gestalt, wie ihr Pater Garces auf seiner Reise, die er im Jahre 1776 durch das Mohave-Gebiet unternahm, begegnet sein könnte.

9 *Papago-Mädchen.* Das Bild zeigt ein besonders hübsch aussehendes Papago-Mädchen, das so reinrassig ist, wie man es in dieser Gegend nur finden kann. Die nördlichen Pima-Stämme standen mehr als zwei Jahrhunderte lang in unmittelbarer Berührung mit Spaniern. Viel von dem dabei eingekreuzten fremden Blut ist jedoch im Laufe der Zeit so dünn geworden, daß sein Einfluß gar nicht mehr in Erscheinung tritt. So gibt es viele Fälle, in denen die Indianer behaupten, daß sie unvermischte Ureinwohner seien, obwohl sich eine fremde Einmischung, die mehrere Generationen zurückliegt, nachweisen läßt.

10 *In den Bad Lands.* Dieses Bild entstand am Sheep-Mountain in den Bad Lands (Pine Ridge-Reservation, Süd-Dakota).

11 *Gebet an die geheimen Mächte.* Beim Gebet wurde den Angebeteten immer die Tabakspfeife dargeboten, die man ihnen entgegenstreckte. Zu Füßen des Betenden liegt ein Büffelschädel als Symbol für den Geist jenes Tieres, von welchem die Indianer so abhängig waren. Der Abgebildete links außen ist ‹Holznadel›, ein Oglala-Sioux.

12 *Sioux-Mädchen.* Eine junge Sioux-Frau in einem ganz und gar aus Hirschleder gefertigten und mit Perlen sowie Stachelschweinborsten bestickten Gewand.

13 *Räucherschale über einem Medizinbündel – Hidatsa.* Ein Teil des Rituals der Mais-Zeremonie fand in der Behausung des Medizinmachers statt. Die Mais-Zeremonie wurde im Frühjahr und zu Beginn des Sommers zelebriert und ist eine Art Bittgebet an die Geister um reiche Ernte und um Gedeihen für den ganzen Stamm.

14 *‹In-die-Hand-geschossen›* – *Apsaroke.* Der Mann dieses Namens wurde im Jahre 1841 geboren. Durch Fasten verdiente er sich seine Falken-Medizin; es war seine Spezialität, aus Falkenherz, süßem Gras und grüner Farbe ein Pulver herzustellen, von welcher Mixtur er etwas zu sich zu nehmen pflegte, bevor er in eine Schlacht zog.

15 *Im Black Cañon.* Die Apsaroke sind zwar nicht ausschließlich Bergbewohner, aber sie haben das Bergland gern und ziehen die schattigen Wälder und klaren Gebirgsbäche der heißen, wasserarmen und monotonen Prärie vor. Auf dem Bild kann man den für die Apsaroke typischen Brauch erkennen, am Hinterkopf ein Band zu tragen, von dem zahlreiche Strähnen von falschem Haar herunterhängen, die in regelmäßigen Abständen mit bunten Kügelchen verziert sind. Der Black Cañon liegt im nördlichen Teil der Bighorn-Mountains in Montana.

16 *‹Zwei-Gamaschen› – Apsaroke.* Im Jahre 1848 geboren, wurde er, der aus eigener Kraft keine ‹große Medizin› erfand, von ‹Bulle-geht-auf-Jagd› in den Tabaks-Orden aufgenommen. Letzterer gab ihm auch seine Medizin, bestehend aus einem Fossil oder einem Stein, der einem Pferd, das nach zwei Richtungen schaut, entfernt ähnlich sah. Auf diese Weise wurde ‹Zwei-Gamaschen› ein Anführer im Krieg.

17 *Auf einem Winter-Kriegszug – Apsaroke.* Es war in den Kriegen der Apsaroke nicht ungewöhnlich, den Feind zu Pferde oder zu Fuß auch im hohen Winter anzugreifen. Der Krieger zur Linken trägt einen Kapuzenmantel von schwerem Deckenstoff, der sich bei den Apsaroke allgemein eingebürgert hat, nachdem die Händler zu ihnen vorgedrungen waren. Die Aufnahme entstand in einem engen Tal in den Pryor-Bergen in Montana.

18 *Arikara-Mann.* Die Arikara waren, wie ihre Geschichte und die Überlieferung erkennen lassen, zu der Zeit, als sie sich von den Pawnee trennten, ein großer Stamm. Krieg und Krankheiten müssen ihnen übel mitgepielt haben; denn noch als Lewis und Clark sie aufsuchten, bewohnten sie drei Dörfer an der Mündung des Grand River und zählten zu der Zeit wohl an die 2600 Seelen. 1871 waren sie bereits auf 1000 und 1888 auf 500 zusammengeschrumpft, während es im Jahre 1907 nur mehr 389 Stammesangehörige gab.

19 *Die Binsensammlerin – Arikara.* Die Arikara machten wie auch ihre nächsten Nachbarn, die Mandan und die Hidatsa, aus Binsen mancherlei Matten, die sie hauptsächlich als Bodenbelag benutzten.

20 *‹Rote Peitsche› – Atsina.* Dieser Angehörige des Atsina-Stammes wurde im Jahre 1858 geboren und nahm im Alter von 17 Jahren zum ersten Mal an einem Kriegszug gegen die Sioux teil. Der Feind hatte sein Lager bei Lodge Pole Creek aufgeschlagen; die Atsina griffen ihn bei Morgengrauen an und eroberten mehrere Pferde. ‹Rote Peitsche› war bei diesem Unternehmen führend beteiligt und erbeutete eigenhändig ein paar Pferde.

21 *Im Medizin-Haus – Arikara.* Ein für die Arikara typischer Ritus war die Medizin-Brüderschaft, ‹Shunúwanúh› d.h. ‹Magische Vorführung›. Diese dauert von Mittsommer bis Herbst, und in dieser Zeit wird in dem Hause nachmittags und abends gesungen und getanzt, und es werden Zaubereien vorgeführt.

22 *‹Bärenbauch› – Arikara.* Dieser Mann wurde 1847 geboren und hatte noch keine Kriegserfahrung, als er mit neunzehn Jahren in Fort Abraham Lincoln bei General Custer als Späher eintrat. Die alten Leute seines Stammes hatten ihm erzählt, daß er auf diese Weise am sichersten zu Ehren kommen könne.

23 *Arikara-Frau.* Die Frauen der Arikara trugen ein aus einem Stück bestehendes Gewand, das bis zu den Knöcheln hinab reichte und aus zwei Hirschfellen – eines vorne, das andere für den Rückenteil – gefertigt war. Das Haar wurde in der Mitte geteilt und hing auf dem Rücken in zwei Flechten herunter, die manchmal mit Lederschnüren gebunden waren, die man mit Stachelschweinborsten verziert hatte.

24 *‹Rabenadler› – Piegan.* In der alten Zeit der primitiven Bräuche und Gesetze liebten die Indianer, besonders in ihren gesellschaftlichen Beziehungen, alles Formelle, und diese übertriebenen Formen machten einen großen Teil ihres religiösen Verhaltens aus. Ein bemerkenswerter Bestandteil ihres solchermaßen formalisierten Tages-, ja Stundenablaufs war der unmäßige Gebrauch der Tabakspfeife. Wenn sie sie anzündeten, berührten sie mit ihr die Erde, hielten sie zum Himmel hoch und beteten währenddessen stumm zu den Geistern. Vor allen wichtigen Handlungen ihres Arbeits-Alltags pflegten sie erst in ähnlich formeller Art und Weise ihre Pfeife zu rauchen.

25 *‹Zwei-Bären-Frau› – Piegan.* Was die Piegan von heute und von morgen anbetrifft, so müßte man wirklich ein Optimist sein, um einen Silberstreifen am dunklen Horizont des Zweifels zu sehen. Man hat ihnen versprochen, durch die Segnungen der Zivilisation würden ihnen bessere Lebensumstände beschert werden, doch diese Versprechen haben sich als so leer erwiesen wie hohle Nüsse.

26 *In einer Piegan-Behausung.* ‹Kleine-Feder› und sein Sohn ‹Gelbe-Niere› sitzen auf dem Ehrenplatz, nämlich an der Rückwand des Zeltes, dem Eingang gegenüber. Das Bild zeigt Zeugnisse der verschiedensten indianischen Beschäftigungen. Am bevorzugten Platz liegt die allgegenwärtige Tabakspfeife, und die dazugehörigen Utensilien sind auf dem Tabak-Schneidebrett ausgebreitet. An den Zeltstangen hängen der Büffelhaut-Schild, das lange Medizinbündel, der Fächer aus Adlerfedern und Zaumzeug für die Pferde. Der rechts von der Bildmitte erkennbare Strick ist mit seinem oberen Ende an der Kreuzung der Zeltstangen befestigt und kann, wenn das Wetter stürmisch ist, an einem Pfosten in der Mitte des Zeltbodens festgezurrt werden.

27 *Ein Piegan-Dandy.* Um das Jahr 1855 herum begannen die jungen Männer ihr Haar in der Mitte zu scheiteln und auf die Schläfen herabfallen zu lassen. Die Stirnlocken wurden mittels eines erhitzten Lederstocks gekräuselt. Manche flochten ihr Haar auf den Seiten, andere taten das nicht.

28 *Warten im Wald – Cheyenne.* In der Abenddämmerung kann man in der Umgebung der größeren Lager junge Männer beobachten, wie sie – in Decken oder weiße Baumwolltücher gehüllt, damit man sie nicht erkennt – um die Zelte schleichen oder bewegungslos im Schatten der Bäume stehen in der stillen Hoffnung auf ein verstohlenes Stelldichein mit ihrem Schatz.

29 *Flathead-Lager am Jocko-Fluß.* Die Szene zeigt ein kleines Lager inmitten von Pinien in der Reservation der Flatheads in West-Montana. Direkt dahinter ragen die majestätischen Gipfel der Rocky-Mountains steil gen Himmel.

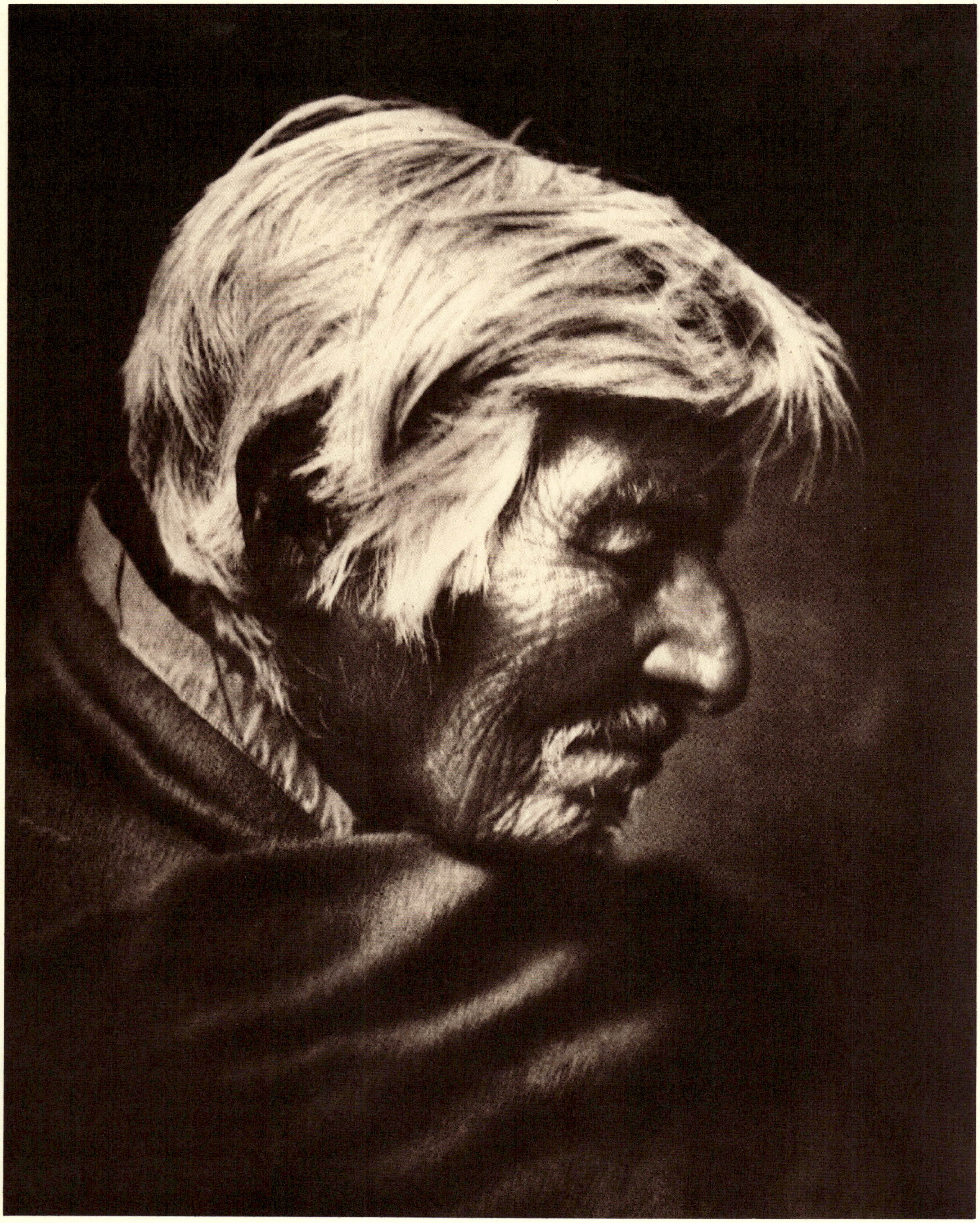

30 *Klickitat im Profil.* In der Yakima-Reservation und in den Tälern ihrer alten Heimat verstreut kann man noch ein paar alte Klickitat finden; aber der Stamm als solcher ist bereits verschwunden.

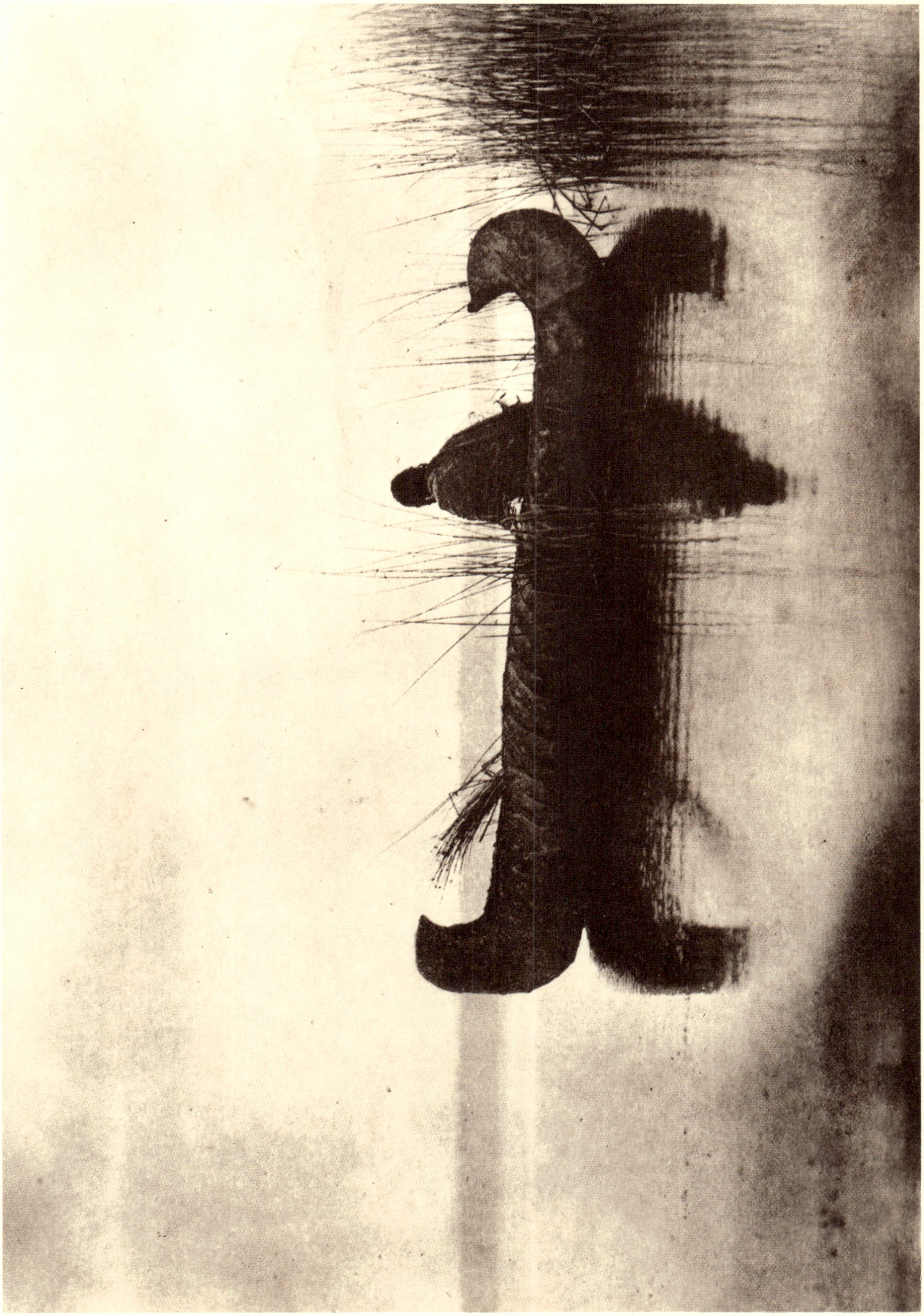

31 *Ein Kutenai auf Entenjagd.* Im grauen Dunst eines nebeligen Morgens hockt der Jäger in den Binsen versteckt in seinem Kanu und wartet darauf, daß die Wasserhühner in Schußweite kommen.

32 *Ein Schlupfwinkel in den Bergen – Apsaroke.* Die Apsaroke lebten viel im Gebirge und nirgends schienen sie sich heimischer zu fühlen als an den Bächen und in den Cañons ihrer waldreichen Berge.

33 ‹*Drei-Adler*› – *Nez Percé*. ‹Drei-Adler› war der Dolmetscher, der beim Sammeln des Materials über die Nez Percé mitarbeitete.

34 *Eine Braut vom Stamme der Wishham.* Polygamie war bei den oberen Gesellschaftsschichten der Indianer allgemein üblich; ein wohlhabender Mann konnte bis zu acht Frauen haben, die alle unter einem Dach wohnten und sich, solange der Ehemann unparteiisch war, nicht in die Haare kriegten. Die Frauen waren theoretisch gleichgestellt, doch wurde eine Frau aus vornehmer Familie naturgemäß mit entsprechender Ehrerbietung behandelt und stand auch, wenn Gäste kamen, mehr im Vordergrund.

35 ‹*Rabenmantel*› – *Nez Percé*. Sowohl in intellektueller und kultureller Hinsicht als auch in ihren physischen Eigenschaften waren die Nez Percé unter den Eingeborenen am Columbia-Flusse führend. Von dem Tage im Jahre 1805 an, als sie von Lewis und Clark zum ersten Male besucht wurden, bis zum Ende des Nez Percé-Krieges im Jahre 1877 haben alle, die mit ihnen in Berührung kamen, diese Menschen als ganz außergewöhnlich empfunden.

36 *Abendstimmung am Puget-Sund.* Dieses Bild wurde in der Umgebung der Stadt Seattle aufgenommen.

37 *Lager am Puget-Sund.* Die Sommerwohnungen wurden hergestellt, indem man Holzstangen gegeneinander lehnte, eine Firststange darüberlegte und dann Dach und Seitenwände mit Matten behängte.

38 *Typische Lummi.* Die Lummi bewohnten ein weites Gebiet in der Nähe der Lummi Bay in Washington sowie einen großen Teil der San Juan-Inseln.

39 ‹*Lélehalt*› – *Quilcene.* Unter den Stämmen an der Pazifik-Küste braucht man vom Schnurrbart nicht notwendigerweise auf weiße Abstammung zu schließen. Schon die ersten Reisenden haben bei vielen Männern dort starken Bartwuchs bemerkt.

40 *Die Binsensammlerin – Cowichan.* An vielen Orten ist auch heute noch die Herstellung von Binsenmatten, die als Teppiche, Hauswände, Matrazen, Umhänge oder Segel Verwendung finden, eine wichtige Aufgabe der Frauen.

41 *Hleástŭnŭh – Skokomish.* Der beherrschende kulturelle Einfluß dieses und anderer Salishan-Stämme an der Küste beruhte auf der Abhängigkeit der Stammesangehörigen von der Nahrung, die das Meer bot. Die Gewässer des Pazifik wimmeln von Lebewesen zahlloser Arten, und die Bewohner der windgepeitschten Ufer des Ozeans sowie der etwas stilleren Wasser der Sunde, Buchten und Häfen machen sich diese natürlichen Reserven reichlich zu Nutze. Männer, Frauen und Kinder leben fast auf Kanus und verfügen über bemerkenswerte Geschicklichkeit, ihre zerbrechlichen Schiffchen auch in stürmischen Gewässern sicher zu führen.

42 *Quilcene-Junge.* Die Quilcene gehören ebenso wie die Skokomish zur Familie der Twana und leben am Hood-Kanal in Washington.

43 *Nakoaktok-Häuptling mit Kupferplatte.* ‹Hakalaht› (‹Über-allem›), der Oberhäuptling, hält in seinen Händen das Kupfer ‹Wanistakila› (‹Bringt-alles-aus-dem-Hause›). Der Name des Kupfers bezieht sich auf die großen Ausgaben, die sein Erwerb erfordert. Eine Kupferplatte wird mit 5000 Decken bewertet. Der Preis eines Kupferstückes errechnet sich nicht etwa nach seinem tatsächlichen Wert, sondern danach, wie oft es bereits den Besitzer gewechselt hat; denn mit jedem neuen Verkauf steigt der Preis, und zwar bis zu einer äußersten Höhe von 100 Prozent über dem ursprünglichen Kaufpreis.

44 *Gerüst eines Kwakiutl-Hauses.* Die beiden langen Stämme in der Mitte sind zwei Dachbalken, die im Hintergrund, wie vorne auch, von einem auf zwei Pfosten ruhenden Querbalken getragen werden. Ganz außen rechts und links sieht man die Balken, auf denen das Giebeldach an den Seiten aufliegt. Die Längs- und Querrillen in den Holzsäulen sind mit großer Sorgfalt mittels einer kleinen, primitiven Handaxt eingehauen. Dieses Gerüst steht im Dorf Memkumlis.

45 *Ein Hut wird bemalt – Nakoaktok.* Die Malerin hat ein kurzes, nahtloses Cape aus Zedernrindenbast an, das sie zum Schutz gegen Regen trägt. Daß es sich bei ihr um eine Frau von Reichtum und Rang handelt, erkennt man einerseits an dem Nasenschmuck aus Abalone-Muschel und an ihren goldenen Armreifen, andererseits daran, daß sie einen ‹Häuptlingshut› besitzt. Diese wasserdichten Hüte, deren Form von den Haida übernommen ist, sind aus sehr eng gewebten Fichtenwurzelfasern gemacht und mit dem Wappen des Trägers verziert. Solche Wappen bestehen aus einer stark stilisierten Abbildung irgendeines Tieres oder auch einer mythologischen Gestalt.

46 *Eine Tlü' Wüláhü-Maske – Tsawatenok.* Die Maske zeigt den Tauchervogel über der Maske eines menschenähnlichen Wesens, in welches sich der Vogel nach Belieben verwandelt.

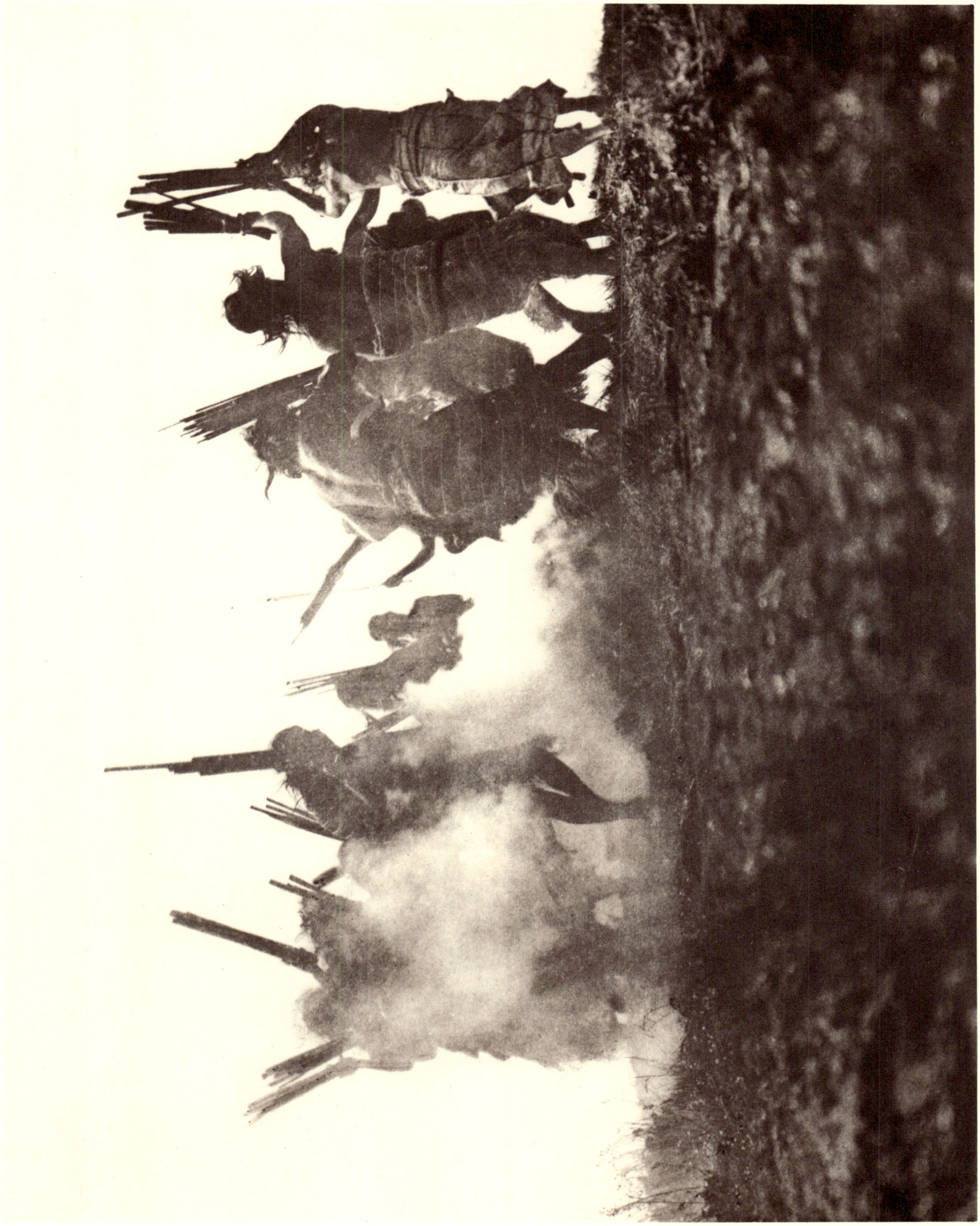

47 *Tanzveranstaltung während einer Mondfinsternis zum Zwecke der Wiedergewinnung des Mondes – Qagyuhl.* Man glaubt, die Mondfinsternis entstehe dadurch, daß irgendein Himmelsbewohner versuche, den Mond zu fressen. Um nun das Monstrum zu zwingen, den Mond wieder auszuspeien, tanzen die Leute um ein schwelendes Feuer aus brennenden alten Kleidungsstücken und Haaren; der Gestank davon soll dem Ungeheuer in die Nase steigen und es zum Niesen bringen. Dadurch soll es gezwungen werden, den Mond wieder von sich zu geben.

48 *‹Hamatsa› erscheint aus den Wäldern – Koskimo.* Von allen Eingeborenen an der Küste des Nordpazifik machen die Kwakiutlstämme eine der bedeutendsten Gruppen aus, und heute sind ihre Siedlungen die einzigen, in denen man noch primitives Verhalten studieren kann. Ihre Zeremonien sind so entwickelt, daß man sie mit gutem Recht dramatisch nennen kann.

49 *Nootka-Frau mit Umhang aus Zedernrindenbast.* Beide Geschlechter trugen Kleider aus Zedernrinde oder aus Fellen, die auf der rechten Seite mit Nadeln geschlossen wurden; die Frauen hatten zusätzlich Rindenschürzen an, die von der Taille bis zu den Knien reichten. Bei Regenwetter schützten sie sich durch Rindencapes, die sie sich wie einen Poncho überhängten. Mann und Frau trugen bei Regen oder auch heißem Sonnenschein Hüte, wobei die der einfachen Leute aus Rinde, die der Vornehmen aus Wurzelfasern gewebt waren.

50 *Ein Haida aus Kung.* Die Haida bilden eine Gruppe von eng zusammengeschlossenen Gemeinden, die die Queen Charlotte-Inseln in Britisch-Kolumbien und das Sündende der Prince of Wales-Insel in Alaska bewohnen. Die Haida haben die Segnungen der Zivilisation schneller als fast alle anderen Indianer zu übernehmen verstanden. Sie alle, selbst die ältesten Leute, sprechen so gut Englisch, daß sie mit den Weißen Handel treiben können.

51 *Auf die Fähre wartend – Nootka.* Zwei Frauen mit Muschelkörben und Grabstöcken spähen bei sinkender Sonne über das Wasser, sehnsüchtig das Kanu erwartend, das sie heimbringen soll.

52 *Schlangenpriester der Hopi.* In diesem Gesicht erkennen wir die vorherrschenden Züge des Hopi-Charakters. Die Augen verraten Vorsicht oder sogar unverhohlenes Mißtrauen. Der Mund zeigt Anlage zu einer unbeugsamen Halsstarrigkeit. Doch irgendwo ist in diesem Gesicht ein Ausdruck von Warmherzigkeit und Menschlichkeit versteckt [vgl. Text S. 84ff.].

53 *Zuschauer beobachten die Tänze.* Eine Gruppe von Mädchen schaut vom höchsten Dach in Walpi auf den Dorfplatz hinunter [vgl. die Abbildung S. 57].

54 *Die Piki-Bäckerin.* Piki ist Maisbrot, das in farbigen Fladen dünn wie Papier gebacken wird. Der Teig wird mit der bloßen Hand auf den Backstein aufgetragen, der schnell gebackene Fladen wird gefaltet und in den Korb links neben der Bäckerin gelegt.

55 *Abend in der Heimat der Hopi.* Die Hopi und ihre auf Stelzen stehenden Häuser sind von einem zarten Charme umgeben, der die Arbeit [die schriftlichen Notizen und das Photographieren] bei ihnen ausgesprochen reizvoll machte. Das war besonders in früheren Jahren der Fall, als ihre Lebensweise noch verhältnismäßig wenig von der Zivilisation beeinflußt war. Bestimmt gab es keine Stelle in den Vereinigten Staaten, die eine annähernd ähnlich günstige Gelegenheit bot, die Ureinwohner Amerikas noch so zu beobachten, wie die spanischen Entdecker sie zum ersten Male in dem öden Lande unseres Südwestens angetroffen hatten.

56 *Die Töpferin.* Jeder Besucher von East-Mesa kennt Nampeyo, die Töpferin von Hano, deren Schöpfungen über jede Konkurrenz erhaben sind. Die Fremden kommen in Scharen in ihr Haus und werden, auch wenn sie ungebeten sind, willkommen geheißen; dabei unterbricht Nampeyo ihre Arbeit nicht sondern lächelt nur dem Besucher zu. Auf dem Bild nimmt ihr Farbstein die Mitte des Vordergrundes ein.

57 *Hopi-Mädchen.* Die Frauen dieses Stammes scheiteln ihr Haar in der Mitte von der Stirn bis zum Nacken. Unverheiratete Mädchen stecken das Haar dann über beiden Ohren zu großen runden Gebilden zusammen, eine Frisur, die ein auffälliges Zeichen ihres Jungfrauenstandes darstellt. Diese malerische Haartracht ist in letzter Zeit in Walpi so schnell im Verschwinden begriffen, daß wir während eines dreimonatigen Beobachtungsaufenthalts außerhalb besonderer Festanlässe nur noch ein einziges Mädchen mit dieser Frisur angetroffen haben. Die Haare dergestalt zu frisieren, erscheint Frauen mit Schulbildung zu mühselig.

58 *Hopi-Frau mit Kind.* Mehr und mehr Hopi beziehen ihre Dauerwohnung in abseits gelegenen Häusern in den Tälern. Damit sind sie ihren Feldern und Schafweiden näher, und so bringt ihnen diese Veränderung einen wirtschaftlichen Vorteil. Man braucht kein Prophet zu sein um vorauszusehen, daß sie in wahrscheinlich nicht mehr allzu ferner Zeit die geschlossenen Siedlungen schließlich ganz aufgegeben haben werden; und wenn es soweit gekommen ist, dann werden die alten Zeremonien und häuslichen Bräuche der Hopi nur noch in der Erinnerung existieren.

59 *Hupa-Frau.* Ein charakteristischeres Beispiel für eine weibliche Hupa-Physiognomie wird man schwerlich finden können.

60 *Der Stint-Fischer – Trinidad Yurok.* Das Netz, das beim Stintfischen benutzt wird, ist eine Art Tasche, die an zwei auseinanderstrebenden Stangen hängt. Am Grunde des Netzes befindet sich eine Öffnung, die in einen länglichen Netzsack mündet. Ihn hält der Fischer in seiner Hand und indem er nun das Netz hebt und senkt, läßt er die gefangenen Stinte in den langen Sack fallen. Dort sind sie so lange sicher verwahrt, bis er glaubt, so viel gefangen zu haben, daß es sich lohnt, ans Ufer zu gehen und das Netz auszuleeren.

61 *Lachs-Stechen.* Ein junger Hupa wartet mit gezücktem Speer auf die schattenhaften Umrisse eines Lachses, der in dem ruhigen Wasser kurze Rast macht, um seine Kräfte für den Sprung über die nächste Stufe der Kaskade zu sammeln.

62 *Binsensammeln - Lake Pomo.* Die rundstämmigen Binsen, Scirpus lacustris, wurden in erster Linie zum Dachdecken gebraucht oder zu Matten verwoben, indem man sie von den Seiten her in parallel laufende Bindfadenketten einschloß, und schließlich auch zum Bau sehr geschickter und schnell zu fertigender Kanus verwandt, wozu sie in lange Bündel geschnürt wurden.

63 *Ein Mono.* In ihrem Kulturniveau waren die südkalifornischen Shoshone, besonders die Mono-Paviotso, einer der am wenigsten entwickelten Stämme in den Grenzen der Vereinigten Staaten, wenn nicht von ganz Nordamerika. In einer Hinsicht bewiesen sie allerdings ästhetischen Geschmack und Geschicklichkeit in bemerkenswert hohem Grade: Die Korbflechtkunst einiger ihrer Frauen zeugte und zeugt noch heute von einem hochentwickelten künstlerischen Empfinden.

64 *Behausung eines Mono.* Die Mono bewohnen Ost- und Mittel-Kalifornien vom Owens-See bis zur Quelle der südlichen Nebenflüsse des Walker-Flusses. Die schneebedeckte Sierra Nevada erhebt sich steil am westlichen Rand dieses Inlandbeckens. Das ‹Wickiup› auf unserem Bild ist eine typische Winterwohnung, die Gebrauchsgegenstände sind Tragkörbe und Siebe oder Schalen zum Trennen von Spreu und Körnern. Alle diese Flechtwerke gehören zum Hausrat dieses einen ‹Wickiup›.

65 *Eine Frau von den Wüsten-Cahuilla.* Die Cahuilla waren nicht kriegslüstern. Wenn es bei ihnen zu Kämpfen kam, so hatte das im allgemeinen seinen Grund in Angriffen von Nachbarn auf ihre Lebensmittelreserven oder aber in der vermeintlichen Zauberei eines Medizinmannes.

66 *Körbe der Paviotso.* Die Aufnahme zeigt den konisch geformten Tragkorb (zum Teil verdeckt im Hintergrund), den Wiegenkorb (mit dem Symbol der Weiblichkeit), das beckenförmige Behältnis für die Körnerernte, die Schale zum Trennen von Spreu und Körnern (zum Teil verdeckt) im Hintergrund rechts, zwei mit Harz gedichtete Wassergefäße, den Fischkorb, etliche Schalen zum Aufbewahren von Schmucksachen, und nach der Mode mit Perlen bestickte Gürtel. Der lange schmale Gegenstand im Vordergrund wird von einem ortsansässigen Sammler ‹Taufkorb› genannt. Er hat eine neuzeitliche Form und dient wahrscheinlich als Bratenplatte.

67 *Eine Cupeño-Frau.* Die Cupeño sind eine kleine zu den Shoshone gehörende Gruppe von Bergbewohnern, die früher am oberen San Luis Rey-Fluß im nördlichen Mittelteil des Bezirks San Diego ansässig waren. Gewöhnlich sind sie unter dem Namen ‹Aguas Calientes› oder ‹Warner's Ranch-Indianer› bekannt. Zu Beginn des Jahrhunderts machten sie von sich reden, als der Oberste Gerichtshof der Vereinigten Staaten ihnen den Eigentumsanspruch auf ihr Heimatland absprach. Im Jahre 1903 wurden sie in der Pala-Reservation angesiedelt auf dem Gebiet, das an das der Luiseños angrenzt, und ihre frühere Heimat ist jetzt die schöne Warner's Ranch.

68 *An der alten Quelle von Acoma.* Im Jahre 1540 bemerkten Angehörige von Coronados Entdeckerheer, und 1583 dann Espejo die «Zisternen zum Speichern von Schnee und Wasser» auf dem Felsen von Acoma.

69 *Ein Fiscal in Jemez.* Das Amt des Fiscal wie das des Gouverneurs und Alguacil ist spanischen Ursprungs, und die Träger dieses Amtes haben die Aufgabe, alle Geschäfte, die mit der Kirche zusammenhängen – wie Beerdigungen und Unterhaltungen der Kirchen-Gebäude – zu beaufsichtigen. Im allgemeinen ist die Kirche eine dem dörflichen Leben übergeordnete Institution; sie ist nirgends ein integrierter Teil dieses Lebens geworden. In Jemez sind die Anstrengungen einiger Jahrhunderte, das Christentum einzuführen, praktisch erfolglos geblieben, außer daß die Existenz der Missionare ein mehr oder weniger segensreiches Beispiel höheren Lebensstandards geboten hat.

70 *Frau aus Acoma.* Das Dorf Acoma ist die älteste ständig bewohnte Siedlung in den Vereinigten Staaten. Es ist auf einem Hochplateau erbaut, das 120 Meter über dem Tal liegt und nur auf schwierigen Steigen, die zum Teil aus dem Fels der steilen Wände herausgehauen sind, zugänglich ist.

71 *Büffelmaske der Sia.* Der Büffel-Tanz wird noch immer aufgeführt, obwohl sein ursprünglicher Sinn – nämlich mit übernatürlichen Kräften zu bewirken, daß die Büffel zahlreich und leicht zu erjagen sein möchten – keine Bedeutung mehr hat. Der Tanz ist sehr strapaziös und besteht aus einer völlig realistischen und den Zuschauer überzeugenden Nachahmung der Verhaltensweisen von Büffeln.

72 *‹Okúwa-Tsirĕ› (‹Wolkenvogel›) – San Ildefonso.* Die über die Bräuche von San Ildefonso bekannten Daten können keinen Anspruch auf Vollständigkeit erheben. Es ist schwer, etwas über die Völker Neu-Mexikos in Erfahrung zu bringen, und der Forschende muß schon sehr zufrieden sein, wenn er auch nur für ein paar kurze Minuten einen Blick durch die äußere Tür werfen darf.

73 *Agoyó-Tsă – Santa Clara.* Die Pueblo-Indianer des Rio Grande-Tales in Neu-Mexiko sind, was ihre religiösen Vorstellungen und ihre Religionsausübung anbelangt, von allen Stämmen Nordamerikas die konservativsten geblieben. Man stößt, wenn man über ihre Zeremonien irgendetwas herauszufinden sucht, auf einen bewußt organisierten Widerstand.

74 *Sonnenopfer – San Ildefonso.* Außer den Pueblo-Stämmen von Neu-Mexiko und Arizona gibt es unter den Indianern, die im Gebiet der Vereinigten Staaten leben und die im 16. Jahrhundert mit Europäern in Berührung kamen, keine, die ihre ursprünglichen Sitten und Bräuche noch einigermaßen unverdorben bewahrt haben. Die Pueblo-Indianer dagegen haben sich während der seither vergangenen Jahrhunderte verhältnismäßig wenig verändert, obwohl die Spanier sich in der ersten Zeit die größte Mühe gegeben haben, sie dem Christentum dadurch näherzubringen, daß sie ihre althergebrachten Zeremonien abzuschaffen versuchten.

75 *‹Okúwa-Tse› (‹Gelbe Wolke›) – San Ildefonso.* Die Ähnlichkeit der meisten San Juan-Leute mit den Plains-Indianern wird besonders durch ihre Haartracht betont; beide nämlich teilen das Haar in zwei Flechten, die mit Fell- oder Stoffstreifen umwickelt oder geknüpft werden.

76 *Ah-En-Leith – Zuñi.* Häuser werden zwar von den Männern gebaut, stehen aber im uneingeschränkten Eigentum der Frauen, die sie innerhalb des Stammes verkaufen oder sonst veräußern können, ohne daß ihr Ehemann oder ihre Kinder sie daran hindern können. Den Grundbesitz von Vater und Mutter erben in erster Linie die Töchter, die Söhne hingegen sind nur Ersatzerben.

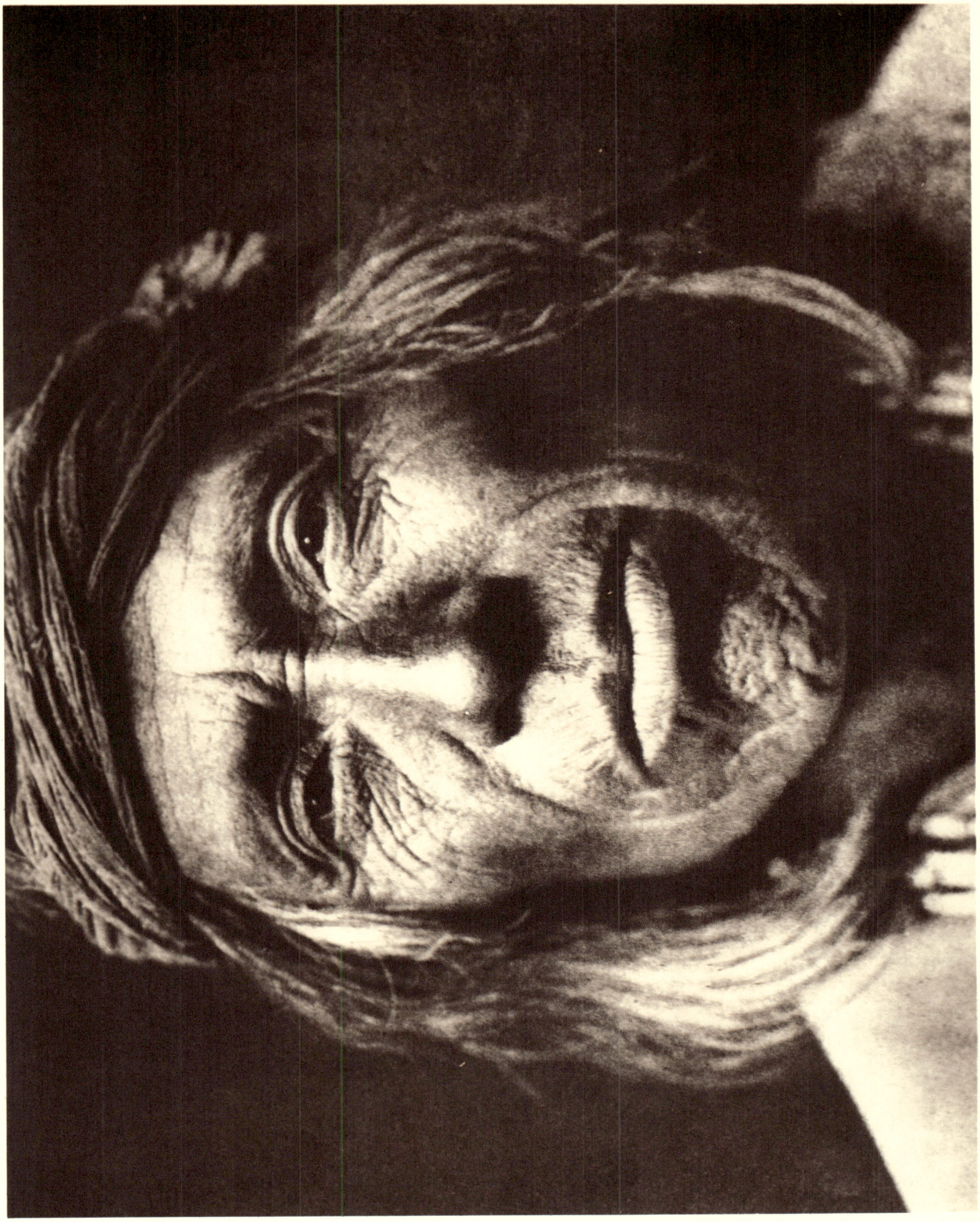

77 *‹Shiwawtiwa›* – *Zuñi.* Wie auch bei allen anderen Pueblo-Indianern gibt es bei den Zuñi kaum eine historische Tradition, und das wenige, was sie in dieser Hinsicht zu bieten haben, gleicht einem Körnchen von Tatsachen, das in eine Masse von typisch primitiver Mythologie eingehüllt ist.

78 *Der Gouverneur von San Juan – Pueblo.* Die Beamtenschaft der Pueblos, an deren Spitze der Gouverneur steht, ist ein Erbe aus früher spanischer Zeit; die Beamten haben die Aufgabe, die eigentlichen Machthaber von solchen Bagatellpflichten wie Wasserverteilung, Reparatur der Bewässerungsgräben und Bekanntmachung von Gemeindeveranstaltungen zu entlasten.

79 *Eine Ladung Brennholz – Zuñi.* Der Zuñi-Stamm, der jetzt 2200 Seelen zählt, konzentriert sich seit beinahe zweieinhalb Jahrhunderten auf das heutige Pueblo und die dazugehörigen Bauerndörfer – in dem Tal selbst leben die Zuñi schon seit Hunderten von Jahren. Nur ein Volk, das – wie alle Pueblo-Indianer – im Verbrauch von Brennmaterial derartig anspruchslos ist, konnte in einem so spärlich bewachsenen Gebiet noch genügend Brennstoff finden.

80 *‹Alte Frau Eule› – Sarsi.* Die Sarsi zeigen in ihrer äußeren Erscheinung jene Eigenheiten, die für die Athapascans charakteristisch sind: schmales Gesicht, mittlere Größe, schlanken und geschmeidigen Körper. Sie scheinen über eine große Vitalität zu verfügen.

81 *Blackfoot-Travois [Tragschleife].* Das Travois wird noch immer für den Transport von zeremoniellen Gegenständen verwandt. Bevor – und manchmal auch noch lange nachdem – Pferde eingeführt worden waren, wurden die Travois von Hunden gezogen.

82 *Jäger vom Stamme der Assiniboin.* Die Bogen der Assiniboin wurden aus Birkenholz, Weidenholz oder dem Holz der Eberesche gefertigt und mit Sehnen verstärkt. Die Pfeile hatten Schäfte aus Ebereschenschößlingen mit drei Adler-, Rebhuhn- oder Entenfedern, die mit Büffelsehnen umwickelt und mit Fichtenharz verleimt waren; die Pfeilspitzen bestanden aus Büffelrippenknochen oder aus Feuersteinen.

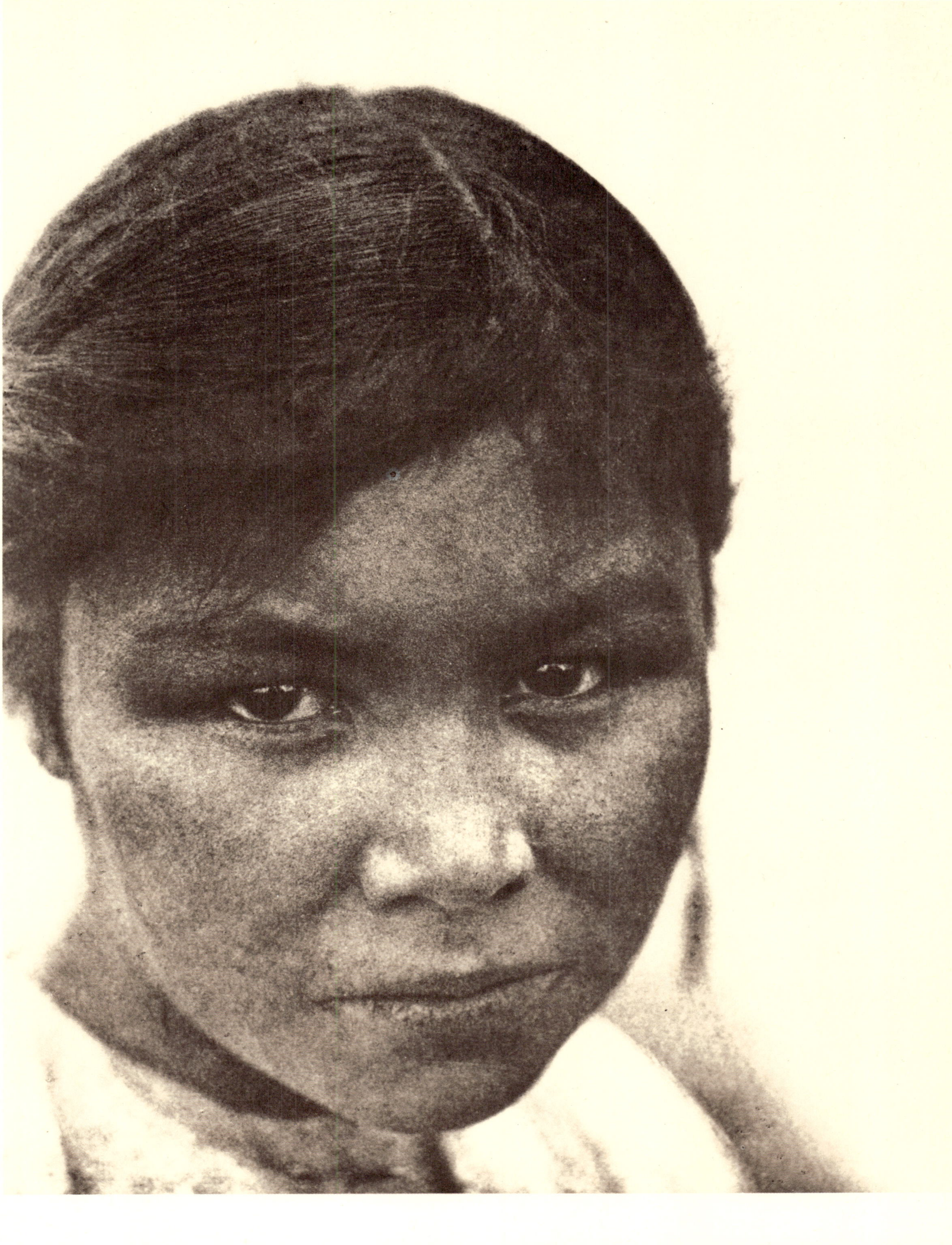

83 *Mädchen vom Stamme der Cree.* Die charakteristischen Körpermerkmale und die Kleidung der Cree sind von den verschiedensten Beobachtern bereits ausführlich beschrieben worden. Alexander Mackenzie vermerkt, sie seien alle «mittelgroß, wohlproportioniert und von großer Lebhaftigkeit». Von der Schönheit der Frauen dieses Stammes malt er ein Bild, das, wäre es auch nur zur Hälfte wahr, verständlich machen könnte, warum sich europäische Angestellte der Pelzhandelsgesellschaften im allgemeinen ein Cree-Mädchen zur Frau nahmen.

84 *Bemaltes Tipi – Assiniboin.* Ein Zelt, das mit Figuren bemalt ist, die seinem Besitzer im Traum erschienen sind, ist ein verehrungswürdiger Gegenstand. Seine Bewohner erfreuen sich großen Glücks, und es macht auch keine Schwierigkeiten, für ein solches Zelt einen Käufer zu finden, wenn sich der Besitzer, wie der Brauch es will, nach ein paar Jahren entschließt, sich von ihm zu trennen.

85 *Assiniboin-Mutter mit ihrem Kind.* Die Assiniboin gehören zur Siouan-Familie. Ihr Name kommt aus dem Chippewa und bedeutet soviel wie ‹Steinekocher›. Es ist nämlich bei ihnen Brauch, Fleisch in Gefäßen aus Baumrinde zu kochen, in welche sie heiße Steine werfen.

86 *Hunde-Frau – Cheyenne.* Das Gewand dieser Frau ist mit Elchzähnen geschmückt.

87 *Junge Cheyenne-Frau.* Die Geschichte der Kämpfe zwischen den Cheyenne und den Weißen ist eine Kette von tragischen Mißgriffen auf beiden Seiten und macht unserer Rasse keine Ehre. Sie bildet im Gegenteil eines der schwärzesten Kapitel in der Geschichte unseres Verhaltens gegenüber den Indianern.

88 *Peyote-Trommler.* Kein indianischer Brauch ist Gegenstand größerer Meinungsverschiedenheiten gewesen oder hat mehr neue Gesetze und Verordnungen bewirkt als die Riten der Peyoten. Man wollte diese Bräuche abschaffen, hauptsächlich, weil die Weißen ihre Bedeutung mißverstanden haben. Die benutzten Trommeln sind immer von der gleichen Art; sie bestehen aus einem kleinen, mit Wasser gefüllten Kessel, der mit roher Tierhaut bespannt ist. Die Trommel wird während der ganzen Zeremonie ohne Unterbrechung geschlagen, und der Rhythmus der Trommelmusik lädt ohne Zweifel die Teilnehmer an der Veranstaltung emotionell auf.

89 *‹Úwat› – Comanche.* Die Comanchen stellen keinen fruchtbaren Boden für ethnologische Forschungen dar. Wenn man die alten Leute fragt, warum es bei ihnen so wenig zeremonielle Riten, so wenig Sagen und auch so wenig Legenden gebe, wie sie doch z. B. bei den Wichita und anderen Nachbarstämmen zu finden seien, dann erhält man zur Antwort: «Wir waren Jäger und Krieger und hatten keine Zeit für solche Dinge.» Alles, was über sie in Erfahrung zu bringen ist, spricht dafür, daß sie tatsächlich von ihren Kriegszügen derart absorbiert wurden und ständig so in Bewegung waren, daß ihnen keine Zeit blieb, über Ursprung und Sinn ihrer Existenz nachzudenken; ja, sie waren sogar noch solz darauf, daß sie das nicht taten [vgl. Text S. 114].

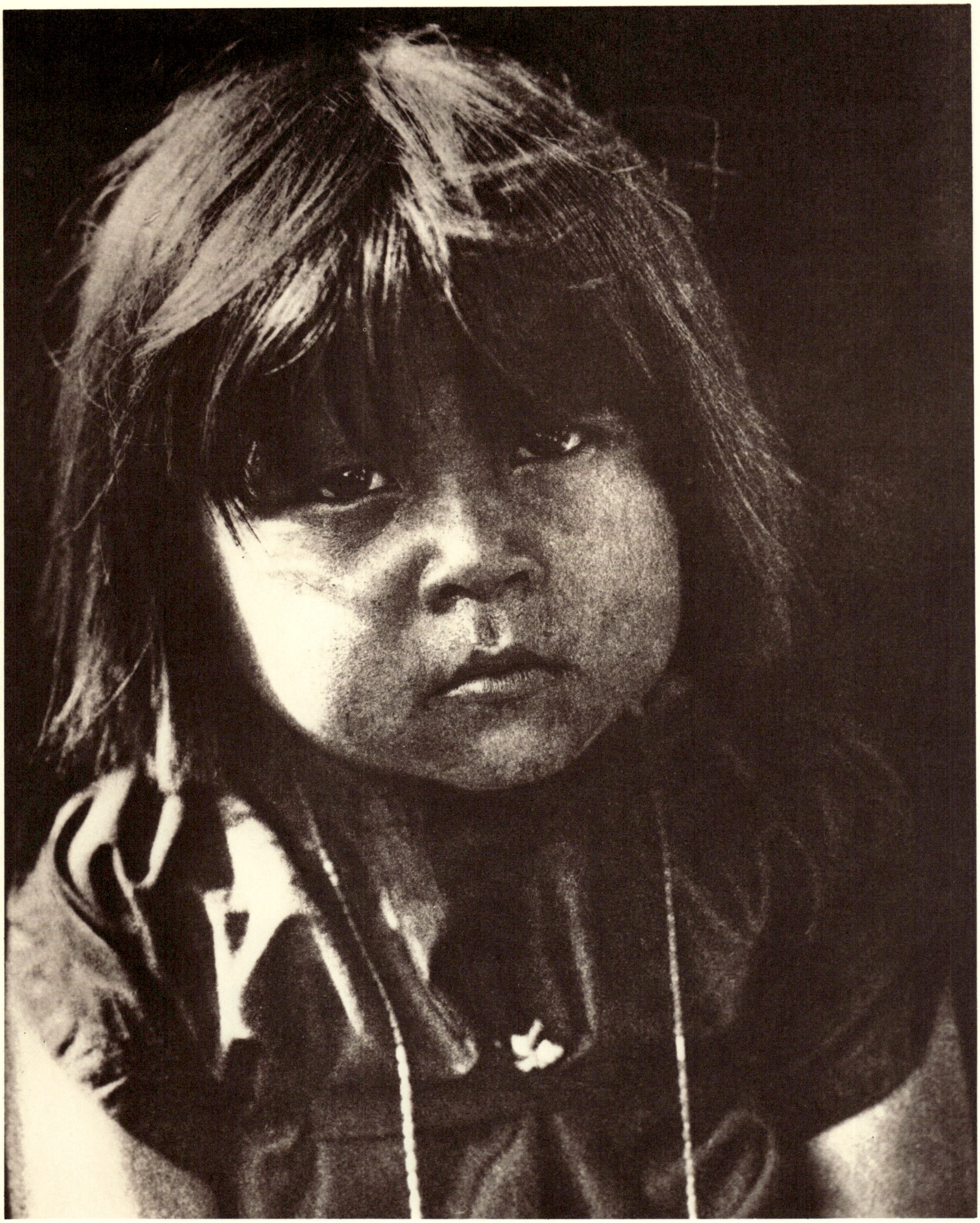

90 *Ein kleiner Comanche.* Comanchen sind Fremden gegenüber reserviert und mißtrauisch; doch wen sie für ihren Freund halten, dem begegnen sie gastfreundlich und aufgeschlossen.

91 *‹Zwei Monde› – Cheyenne.* ‹Zwei Monde› war einer der Kriegshäuptlinge der Cheyenne, als die unter dem Kommando von General Custer stehende Truppe in der Schlacht von Little Bighorn im Jahre 1876 von einem Heer der Sioux und Cheyenne vernichtet wurde.

92 *Nunivak-Eskimo.* Das wichtigste Kleidungsstück der Nunivak – und aller Eskimo überhaupt – ist der Parka. Er besteht aus einem Kittel aus Fell, Vogelhaut oder Fischleder, der über den Kopf gezogen wird und bis über die Knie hinunterreicht. Parkas, die im Freien, auf der Reise, zur Jagd oder im Winter getragen werden, sind mit einer Kapuze versehen, die über den Kopf gezogen oder, je nach Belieben, nach hinten zurückgestreift wird.

93 *Fertig zur Seehundjad – Nunivak.* Der Kajak dieses Nunivak-Jägers ist voll beladen mit dem Gerät, das der Vermehrung des Familienvorrats an Speck dient. Die Robbenjagd ist für die Völker auf der Nunivakinsel von lebenswichtiger Bedeutung. Die Seehunde werden im Frühjahr und im Herbst gejagt, wenn sie nach Norden, beziehungsweise im Herbst wieder nach Süden ziehen [vgl. Text S. 106].

94 *‹Maskette› – Nunivak.* Es gibt sehr viele Masketten. Die, die man in Nunivak zu sehen bekommt, sind zum Tragen auf der Stirn bestimmt. Meist bestehen sie aus Tierköpfen, Vögeln oder Fischen, befestigt an Reifen oder Bändern, die der Kopfgröße des Trägers angepaßt sind. Die Abbildung zeigt eine Vogelmaskette, die aus dem Kopf eines Raubvogels besteht, der einen Fisch in seinem Schnabel trägt. Der Kopf des Vogels, der Fisch sowie der Reifen waren blau gefärbt. Die Augen, der Schnabel und die Nasenlöcher des Vogels sowie Augen, Maul und Schuppen des Fisches waren rot umrandet oder ganz und gar rot.

95 *Start zur Waljagd – Kap Prince of Wales.* Das Boot ist ins tiefe Wasser geschoben worden und kann nun auslaufen. Die Besatzung singt, und die Frau [die eigens zur Teilnahme an der Zeremonie ausgesucht worden ist] ist auf dem Eis stehen geblieben und singt ebenfalls. Dann wird das Boot gewendet und fährt nun auf die Frau zu; dabei tut der Harpunier so, als ob er mit seiner Harpune auf sie ziele. Darauf verstreut sie Asche, um böse Mächte zu vertreiben, und läuft, ohne sich noch einmal umzusehen, nach Hause. Dort bleibt sie und fastet so lange, bis ein Wal getötet oder die Bootsmannschaft zurückgekehrt ist.